JN033542

東大卒の著者が教える「英語が自然と身につく」学び方

13歳からの英語が簡単に話せるようになる本

小野田博一

PHP

まえがき

　日本ではこれまでのところ、英語を中学高校と6年間学んできた人たちの多くは、英語で話がほとんどできませんでした。のみならず、英語で質問されても、意味が理解できませんでした。これは、英語の成績が平均的な人だけではなく、大学受験直前で偏差値70ほどの人でもそうでした（偏差値70であっても「解読の対象」として英語に接してきているので、日本語の思考の中で英語を扱っているだけで、英語の実力は初心者レベルです）。

　また、英語を多少話せる人たちが話す英語は、日本語表現を英語に直訳したものであって、**日本語の表現習慣に従った変な英語**でした。

　さらに、英語表現のフォーマル度について学校できちんと教わらないために、英語で話をすることがかなりできるようになった人たちが、商談の場で"Yup."（yesの意の口語表現で、ヤップと発音する）を連発して相手を不快にさせることすらよくありました。

　──と、このような現状ではあるのですが、英語を正しく話すことがそんなに難しいことなのか、というと、全然そう

ではありません。英語を話せるようになるのは簡単です。だれでも気楽にきちんと（フォーマルに）話せるようになれます。それだけではなく、だれでもハイレベル（上述の人たちを超えたレベル）になれます。

　そのための本が本書です。

　本書は、あなたが何を考えているかを、英語で口頭で表現できるようになるための本です。

　話せないのは「トレーニング時間がまったく足りていないから」──ただそれだけです。英語を話せるようになるためには、努力は不要。長時間接していればそれだけでＯＫで、それでさらに、英語の表現習慣も自然に身につきます。

　具体的に何をすればいいのかは、第１部で説明します。

「鳥では何が一番好きですか？　そして、その理由は？」

　あなたはこの質問に、「流暢な日本語」では答えないでしょう。じっくりと考えたあとで、考えた内容を正確に相手に伝えようとするでしょう。

　英語で発言をするときも、これと同じです。「ぺらぺら」しゃべれるようになることを目標とするのは根本的な間違いです──あなたは、「日本語はぺらぺらとしゃべるのがよい」とは思っていないでしょう？

「ちゃんと考えた内容」を正確に㊟表現できるようになりま

しょう。流暢にしゃべる必要はありません。

◆重要なのは中身。発音のよさや流暢さではありません。
◆多少の文法間違いを気にする必要はありません。気にしな
　ければいけないのは、意味が間違って相手に伝わることで
　す。

（注）「正確に」とは、「『たぶん』のつもりで maybe と言ってはダメ
　　　ですよ」というようなレベルの話で、「間違って伝わらないよう
　　　に」ほどの意です。「詳細まで正確に」というようなハイレベル
　　　の話ではありません。

　　　　　　　　　　　　　　　　　2020年9月　小野田博一

Who says there's no such thing as ghosts?

【追記】
　英語になじみの浅い人には、直訳・逐語訳が基本です。逐
語訳は「日本語の思考の中で英語を扱う方法」なので、英語
になじみの浅い人には、心理的な負荷が少なくてすみますか
ら（それに、固い文章［とくに学術論文］はほとんど逐語訳でO

Kです）。

　本書でも、前述の人たちがストレスなく理解できるように、説明はなるべく直訳・逐語訳的にしていますが、「つねに逐語訳的に考えよう」と言っているのではありませんし、「つねに日本語で考えよう」と言っているのでもありません。「英語を話す」ためには、なるべく早い時点で日本語から離れたほうが楽です——英語で考え、英語を話すほうが楽なのです。「英語で考え、英語を話す」ことについては18ページ以降で説明します。

　日本語と英語は、大ざっぱにしか対応させられません。「完全に対応させて理解しようとする」のはやめて、英語は英語のままで理解しましょう。

◎なお、本書で使用する例文は、前著『13歳からの英語で自分の意見を伝える本』となるべく重複がないようにしましたが、そうすることに極端にこだわったわけではないので、若干の重複はあります。

13歳からの英語が簡単に話せるようになる本　もくじ

まえがき ⋯⋯ *1*

CONTENTS

Ⅱ ● 役立つお手軽表現

CONTENTS

Ⅲ ● 表現習慣の違い

[装幀]
小口翔平+大城ひかり(tobufune)
[イラスト]
はしゃ

I

姿勢を改めよう

（意識の改善、ほか、すべきこと）

本書では「標準英語」「口語表現」「俗語」「婉曲表現」の語がたくさん使われています。まず、そのうちの最初の３つについて説明します（「婉曲表現」については、21ページで）。

① 英語の３つのレベル

　英語のフォーマル度には、以下の３つのレベルがあります。

1. Standard English（標準英語）
2. Colloquial Expression（口語表現）
3. Slang（俗語）

　この違いは、日本語の「やはり」「やっぱり」「やっぱ」の違いとほとんど同じです。

　フォーマルな文章は、標準英語のみで書かねばなりません。小論文［essay］やテストで書く文章は、これでなければいけません（もちろん、ビジネスレターも、です）。

　口語表現は基本的に会話用ですが、軽い雑誌にあるようなカジュアルな文章や、友人への個人的な文章には口語表現が入っていてもかまいません。

　俗語は会話専用です。——が、日本人（英語が母国語でない人）は会話でも俗語を使わないほうがいいでしょう。海外の人が日本語で話をしているときに「やっぱ」や「すげー」

などを連発していたら、あなたは「この人はどこで日本語を習ったんだ??」と思い、眉をひそめるでしょう?

俗語は意味を理解しているだけにとどめ、あなた自身は使用しないようにしましょう。また、口語表現をフォーマルな文章（小論文や投書やビジネスレターなど）に使わないように注意しましょう。

礼儀正しい表現や、上品な表現を使いましょう。くだけた表現を好んで使うのは論外です。

フォーマルな対話ができずに、俗語を使って英語慣れしているつもりでいるなら、ただのバカです（英語が母国語の人を不快にさせるだけなので）。

I should have known.

② リラックスしていよう

英語を話すときに緊張していたら頭が十分に働きません。英語を話すときにリラックスしているために、トレーニング時には必ずリラックスしていましょう（どんな練習のときでも）。

これをしていると、英語を話すときでも、リラックスして

いられます。

　トレーニング時にリラックスしているためには、なじむ必要があり、なじめばそれだけでＯＫです。［英語になじむ方法については、『英語に浸ろう (1)〜(3)』参照］

　机に向かって英語の勉強——これは基本的な間違いです。英語は学問ではなく、コミュニケーションの道具です。「英語の勉強」という意識から抜け出せる状況設定をして、英語のトレーニングをしましょう。
「勉強ではない」という意識を持っていると、楽に上達できます。
　文の組み立て方（文法）を学ぶのは勉強ですが、これも机に向かって行なわないようにしましょう。リラックスしているのが重要です。

【追記】ちなみに、他の勉強も、リラックスして行ないましょう。そのほうが、脳が活性化されます。

Done! Finished!

3 英語の拙さを恥と思わないように

　英語が通じなかったら恥ずかしいこと？　いいえ、違います。英語が通じなかったら、不便なのです。問題が生じるのです。そういうことであって、英語が通じなくても恥ずかしいことではありません。

　自分の英語が拙いことを恥ずかしいことと思うのをやめましょう。そう考えると、萎縮してしまって、英語でのコミュニケーションの邪魔になります。

　英語の拙さは恥ではありません。海外の人が拙い日本語で話しているとき、あなたはその人に対し、「恥ずかしいヤツ」と思ったりはしないでしょう？　拙くてもまじめで誠実で「いい人」であればいいのです。

4 気負わず、見栄をはろうとせずに

　英語を話せない人の中には「『賞賛される意見・立派な意見』を述べなければならない」という気持ちが強すぎる人がいるでしょう。そのような気持ちはいりません。「自分なりの意見」で十分で、かつ、それが望ましいのです（これについては第3部で）。気負わず、見栄をはろうとせず、リラックスしてそれを述べましょう。

5 英文法に関しては可能なかぎり 短期間で全貌を1回見ておこう

　まず、時制に関しての学校教育のあり方の話ですが、時制は中学1年の最初の1か月で、すべて教えてしまうべきです。

「即座にすべてをマスターさせるため」に教えるのではなく、「単に触れさせるため」に、です。

「時制すべて」には、あとで時間をかけて慣れていけばいいのです（ゆえに、時制をどれほど覚えているかのテストなどはしてはいけません。それでは英語に対する緊張感を与えてしまうので、害になるだけです）。

　──そういうわけで、あなた自身は（中学生とは限らず、すでに大人かもしれませんが）、いま、1日で、時制すべてに目を通しておきましょう。覚える必要はありません。これをすれば、「あとは語彙を増やせばどんな表現も自在にできそうだ」という自信を持てるでしょう（中学高校の6年間で時制を少しずつ教わる［しかも、学校で教わらない時制もある］のでは、この自信がいつまでたっても持てないので、まったくナンセンスです）。［次項に続く］

「英文法（英語のセンテンスの組み立てルール）を
一通りやり終えた」という自信を持つこと

　これは心理的にとても大切です。これがあると自信を持って話すことができるようになります。

　英文法の薄い本を一気に最後まで読み終えましょう（長くとも数日で）。

　1行読むたびに、それを暗記しよう、とか、完全に吸収しよう、などと考えないようにしましょう。読んですぐ忘れていいのです。「とにかく、英語の全体像をつかむこと」を唯一の目的として、すばやく読み終えましょう。

◎補足

「文法を学ぶ」というのは文の組み立て方（の規則）を学ぶということであって、文法用語を学ぶということではないですよ。

　文法の本を読んで理解するためには文法用語の知識は必要ですが、その本を読み終えたら、文法用語は忘れ去ってもOKです。

I must be dreaming.

7 日本語と英語をつなげる覚え方は極力避け、
イメージ（像）と英語をつなげて覚えよう

　多くの人は英語を話そうとするとき、何を述べたいかを日本語で考え、日本語の文を組み立てて、それを英語に逐語訳しようとします。が、自分で作った文は、日本語の表現習慣に深く根ざしていることが多くて、それを逐語訳することがかなり難しい。それで結局、絶句。

「①日本語の文を作り、②それを英語に逐語訳する」——この基本方針を捨てましょう。英語を楽に話せるようになるためには、それが必要です。

　日本語と英語をつなげる覚え方は極力避け、イメージ（像）と英語をつなげて覚えましょう。

　日本語と英語を１対１で対応させて覚えるのはやめましょう。

　つまり、「ウナギ＝eel」というように覚えるのはやめましょう、ということです。

　＝ eel と覚えましょう。

　イメージ（像）と英語を結びつけて覚えるのです。

　speculate（「情報が、ほとんどなかったり不確かだったりするときに、その情報をもとにあれこれ考えること」、つまり、憶測

する、の意）のようなイメージ化しにくい（画像化しにくい）単語の場合でも、何かを憶測している自分を頭の中で思い浮かべたまま（「憶測する」という日本語を頭の中から消して）speculate を声に出して何度も言いましょう。

　イメージ（像）と英語をつなげる覚え方をしていると、英語で考えることができるようになります（まったく日本語抜きで）。

8　発言習慣がいろいろ違うことを知ろう

　「逐語訳の方針で英語を扱っていると、英語をほとんどまともに話せない」のは、英語と日本語で、発言習慣が同じではないからです。

　とにかく、発言習慣がいろいろ違います。

　娘が家に帰っていたことを知らなかった母が、2階から降りてきた娘 Erin を見て、日本語では「エリン、帰っていたのね！」とは言っても、「エリン、あなたはここにいるんだ」とは言いませんね。しかし、英語では、Erin, you're here! と言います（これはまったく自然な英語です）。

　（ちなみに、捜していた人を見つけたときの「あなたはそこにいたんだ」は、There you are. です。）

夕食がだいたい準備できているとき、日本語では「もうすぐ夕食ですよ」とは言いますが、「夕食はだいたい準備できていますよ」とは言いません。でも、英語ではそう言うのです。

Dinner is about ready. Would you help, please?
もうすぐ夕食ですよ。手伝っていただける?

申し出の「私が（それを）してもいいよ」は相手の願望・意向を聞く表現で、この発言の言外に隠れているのは「あなたがそれを望むのなら」です。英語ではそれも述べます。

I'll do it if you want.

ただし、違いを気にしないようにしましょう。気にしているとしゃべれなくなりますから。違いは自然にわかっていきます。徐々に知っていけばいいので、気楽な気持ちでいましょう。

★日頃注意深く、はOK。「気にする、ビクビクする」はダメ。

英語を使う（書く・話す）際に、うっかり間違えても気にやまないようにしましょう。気にやむと、上達が難しくなります。

★ちなみに、「よろしくお願いします」に対応する英語表現はありません。そのような発言をする習慣がないのです。仕事を終えた人に「おつかれさま」と言う習慣もありません。

　日本語の感覚・習慣を英語に持ち込まないようにしましょう。海外の人が日本語で話すときは日本の習慣に合わせるのがよいのと同様で、日本人が英語を話すときは英語圏の習慣に合わせるのがよいのです。

　習慣の違いは経験でしかわからないので、「聞く、読む」等で経験を積みましょう。

Is that supposed to be me?

9　婉曲表現

　日本語の場合、婉曲表現とは、主には、「まわりくどく言うこと、述べたいことそのものを述べずに別の表現を使うこと」などです。

　英語の場合は、主には、

① might, could, would などを使うこと、

②ある単語を使わずに、別の単語で代用すること、

などです[注]。まわりくどく言うのは、婉曲的な表現ではなく「ほのめかし」です（あなたがまわりくどく話していたら、What are you getting at?「いったいなに言ってるの（なにをほのめかしているの）？」などと聞かれるでしょう）。

わざとまわりくどく言おうとするのをやめましょう。

（注）

①は礼儀正しく言ったり、ソフトに言ったりするときの用法です。［第2部に多くの例あり］

②は主に、下品な語の使用を避けるために使われます。たとえば、強いののしりの語 "Damn!" の婉曲語は "Darn!" で、これは女の子も使います。"Shit!" も強いののしりの語ですが、この婉曲語は "Sheesh!" で、女の子も使います。

She might as well have wings.

10 表現はダイレクトに、正確に

表現はダイレクトに、正確に。これは、「伝えたいものが

ある場合には」です。そうでないときは、ダイレクトでなくても、正確でなくてもかまいません。まわりくどかったり、あいまいでもいいのです（いえ、まわりくどいのは、それを聞く人にとってつらいので、なるべく避けたほうがいいですが）。

「どんなことでもダイレクトに表現」ではないですよ。「どんな状況でどんな表現がふさわしいか」には徐々になじんでいきましょう。

いまはこれだけを知っておきましょう――「一般論が話題のときは、意見はダイレクトでよい」（これについて、つづきは26ページで）

【重要な追記】
「ダイレクトに」とはどんなことなのかを説明しておきましょう。買い戻したいものがある場合の質問を例にあげて説明します。

まず、述べたいことを長い形で表現したら、次のようになったとします。

「（私はそれを）買い戻したいんですが、買い戻せますか？」

この場合、日本語では、たいていは「（それを）買い戻したいんですが」と言います。質問のメインの部分は「買い戻せますか？」なのですが、それは省略してしまいます。メインの部分を隠して婉曲的にするわけです。

質問された側も、質問者の意図を察して、その意図に対して答えます（「はい、いいですよ」のように）。

　英語では、メインの部分をそのまま述べます。つまり、「（私はそれを）買い戻せますか？」（Could I buy it back?）です。「（私はそれを）買い戻したい」と思っていようといまいと、買い戻せるか否かの規則（や意志）がどうであるかとは関係がないので、それについては述べません（関係がない部分は述べないのが普通です）。

「ダイレクトに」とは、このようなことを意味します。述べたい内容を、間接的な表現に加工せず、そのままの形で、ということです。

　もう１つ例をあげます。

　食事をときどき抜く（スキップする）友人に助言するとき、日本語なら「きみはちゃんと食事をしたほうがいいよ」と発言しても、まあまあ自然ですが、これでは表現があいまいです。どのように食事をしたら「ちゃんと」したことになるのかがわからないからです（つまり、「ちゃんと」の意味を察することを相手に求めている表現なのです――「それくらいのことは幼児だって当たり前にわかるだろうから『ちゃんと』でいいじゃないか」と考えるのは日本語の感覚です）。

　英語では、「ちゃんと」のようにあいまいな形に加工せず、ダイレクトに（そのままの形で）、たとえば以下のように

言うほうが自然です。

You shouldn't skip meals.

11 ダイレクトに、正確に（2）

　とくに、可能性の程度については正確に表現しましょう。そういう表現習慣なので、あなたが正確に表現しないなら、あなたの真意は伝わらず、誤解されます。

　もちろん、あなたが英単語の意味を誤解していたら、それ以前の話で、論外です。

　この点でもっとも注意しなければいけないのは、maybeです。日本人には、maybe を「たぶん」の意と誤解している人が、なぜかけっこういるようです。maybe にはそのような意味はなく、「かもしれない」の意です。

　なお、「かもね・かもしれないね」の１語表現は、古語を除外すると以下のとおりです。

Maybe.
Perhaps.
Possibly.

これらを「たぶん」のつもりで使ってはいけません。

　ちなみに、「かもしれない」の古語には、perchance, mayhap, peradventure, haply などがあります。

【大注意】maybe も perhaps も「かもしれない」の意です。「たぶん」の意ではない点に注意しましょう。「たぶん」の意のつもりで "Maybe." を使ってもその意は伝わらず、誤解が生じ、場合によっては、相手を落胆させたり、憤慨させたりすることもあるので要注意です！《これは商談において日本人がする間違いの、おそらく筆頭》

（たとえば、契約案を長時間話し合って合意に達したあとで、あなたが目を輝かせて「この案、うまくいくと思う？」と聞いたのに対して、あなたと同様に「たぶんうまくいきそうだ」と考えているように見える相手の返事が、表情とは裏腹に、「かもね」ではイヤでしょう？）

　なお、"Possibly." は、maybe や perhaps よりももっと可能性が低いと思うときに使います。

12 ダイレクトに、正確に（3）

　「（▽▽のために）〜をするつもり」であるようなとき、小論文などで、日本人はたいてい「〜を受けたい」とか「〜を受けたいと思う」などのように書きます。そして、書くときに

限らず、「〜をしたいと思う」はインタビューに答えるようなとき（つまり、若干フォーマルな発言のとき）によく使われます。これはダイレクトさを避ける表現です。

　英語では、述べたい内容をそのままの形で「〜するつもり」と述べるのが基本で、自然です。ダイレクトさを避けるために、「したいと思う」に変形させないようにしましょう。

【追記】
　英語でも、ダイレクトさを避けなければならないときはいろいろあります。それがどんなときかは、英語に浸っていれば、追々自然にわかっていきます——無意識のうちに身についていきます。いまは以下の2点だけ、注意しておきましょう。これらでは、日本語の場合と同様です。
・相手の個人的なことが話題のとき
・助言をするとき
　（親しい人に対して以外では、求められていない助言をするのは避けましょう。助言を求められた場合には、極力、婉曲的な表現を使いましょう。）

13 「〜と思います、を加えなければ不安な気持ち」（日本語でのクセ）を克服しよう

　英語をたくさん聞いて、慣れれば、「〜と思います、を加えなければ不安な気持ち」を自然に克服できます。

I think は「たぶんそうだろうと思うけれど確信していない（自信がない）」ということを相手に伝えたいときだけ使いましょう。

　相手の言っていることがまったく正しいと思うときに I think so. と言うのは間違いです。これは**あいまいな肯定**「ええ、まあ」の意です（75ページ参照）。真実が何であるかなどを確信しているときには使わないように注意しましょう。
　例を挙げて説明しましょう。

127 is prime, isn't it?（127って素数ですよね。）

　これに対して、I think so. と答えると、それは「たぶんそうだろうと『私は』思う（けれども、真実が何かは知らない）」の意です。真実であることを確信しているなら、That's right. とか、Absolutely. とか、Certainly. などの表現を使いましょう。重要なのは、真実が何なのかであって、私がどうなのかではないのです。

【注意】「〜ですよね」のつもりで "〜 , right?" と言ってはいけません。カジュアルすぎます。
　「〜ですよね」と言いたいのなら、フォーマルな付加疑問の形にしましょう（227 is prime, isn't it? のように）。

フォーマルな場での対話で "〜 , right?" を使うと、相手を不快にさせる可能性があります。

　ただし、子ども同士の会話で使うのは問題ありません（例は以下に）。

［彼がだれなのか全然わからない、の話を2人でしたあと］とはいっても、彼はきっと私たちの学校の生徒だよね。／うん、たぶんそうだね。

After all, he must go to our school, right? / Yes, I guess that's true.

◎ここでの guess は、「根拠はほとんど全然ないけど（そう）思う」の意。また、ここでの after all は、nevertheless（とはいっても）の意。この英語表現（after all）は文字通りの意味とほぼ一致して「いろいろなことを言ったり考えたりしたあとだけど」の意で、文脈によって、「結局のところ」とか「それになんといっても〜だから」とか「やっぱり」などの意にもなります（どの意味になるかは文脈［直前までの話の内容］に依存します）。

「私個人の意見にすぎなくて、真実ではない」ことを示したいときに I think を使うのはOK。その意は相手に伝わります。

14 人と意見は別物

「あんたに（それを）言われたくない」という表現は、日本でよく聞かれます。これは人と意見をごちゃごちゃに考えている発言です。わかりやすいように、まず、意見ではない発言例を見てみましょう。

「17は素数である」――この発言は、だれが言っても真実です。「数学の成績が悪い子が言ったら、それは真実ではなくなる」などということはありません。

次は意見の例です。

「肉ばかり食べているのはからだによくない。なぜなら云々」

これは肉ばかり食べている人が言ってもいいのです。

肉ばかり食べているのはからだによくないか否かは、発言者がどんな人かで変わることはないのです。［次項に続く］

15 意見に対する否定に関して

意見に対する否定は、人へのアタックではないので、ダイレクトな表現でOKです。これが英語圏の考え方です。

【注意】反論等に感情を込めてはいけません。単に理屈だけ「鮮明に」述べましょう。

「やんわりと否定」は不要です。「やんわりと否定」という発想そのものが変なのです（相手の感情を害しないように、という気持ちが入っているので変なのです——意見の否定は、人の否定ではありません）。単に否定でＯＫです。

【注意】「相手の個人的なことに関して否定的なことを遠慮なく述べていい」という意味ではない点に注意してください。それは意見の否定ではなく、個人の否定です。それをしてはダメです。

　意見を否定する際は、You're wrong. と言うのは避けましょう。それでは人を否定する形になっていますから（ただし、親友に対して使うのはかまいません）。

　「やんわりと否定」を重んじている人は、たぶん「意見の否定と、人の（判断力などの）否定」の区別がなく、「意見の否定は発言者の判断力の否定」くらいに思っているのかもしれません。そして、人の知力や判断力の否定はやんわりとしなければならない、と考えているのでしょう。

　意見と人は別物です。意見を否定するのはＯＫです。人の能力の否定はダメです（やんわりと否定するのではなく、否定しないようにしましょう）。

　ある意見に対して「お言葉ですが、云々」という表現は、「畏れ多いお方のお言葉ですが、云々」くらいの意味で、人

に言及してしまっています。これはダメです。人を否定してはいけません。否定する場合は、人から離れて、意見そのものだけを否定せねばなりません。

　なお、親切な申し出を断るときは、もちろん「遺憾の意を示してやんわりと」。これは意見の否定とは話が異なります。
　ちなみに、親切な申し出を断るときの典型的な表現形式は、

I'm sorry to say that ～ .

〔補足〕
「やんわりと否定」は不要ですが、「あいまいな否定」や「言い切らない否定」などは全然ＯＫです。これらの表現については、第２部でいろいろ見ることにしましょう。

16　英語に浸ろう（1）

　ラジオの英語局の放送を１日に少なくとも２時間ほどはつけっぱなしにしていましょう。音量は、「何か聞こえるな」くらいのごく微かなものでＯＫです（聞こえるのが英語なのか何なのかわからないくらいでいいのです）。これは長時間英語に浸っているためです。これをしていると、ほどなく、「英語は私の第２母国語」と思えるようになります（そうなると、英語を話すことに対して、心理的な壁がまったくなくなりま

す）。

　これをし始めて何日かたったころ、その音をうっとうしく思う日があるかもしれませんが、その感じは１日か２日ほどで消えるでしょうから、気にせずにいましょう（そのような日には無理をせず音を消してもかまいません）。

　American Top 40 のような番組など、「ちゃんと聞きたい」と思うものがあるときは、音量を上げて聞きましょう（もちろん、聞き取れなくても、気にする必要はありません。いずれ聞き取れる量は自然に増えていきますから）。

17　英語に浸ろう（2）

　英語の曲に合わせていっしょに歌いましょう（小声でＯＫ）──これを毎日、少なくとも30分以上。歌詞が聞きとれなくてもＯＫです。聞こえるがままに歌いましょう。歌詞の意味を理解している必要はありません。いずれ自然にわかるようになっていきますので。

　これで重要なのは、英語に浸っている時間を持つことです。これには、知らないうちに英語の発音にすっかり慣れる、という大きな効果があります。また、英語を扱うときにリラックスした状態でいられるようにもなります。

　曲のジャンルは何でもＯＫ──と言いたいところですが、

できれば上品な曲が望ましいです。曲はあなたの好みのみならず、発言のフォーマル度にかなり強い影響を与えるので、品位のある発言をするためには、上品な曲でトレーニングすることが重要です。

　品のいいミュージック・ビデオに合わせて何度も歌いましょう。その際、英語の字幕はなしで。字幕をどうしても見たいなら、見てもかまいませんが、その文字に合わせて歌ってはいけません（それでは文字の読み上げ練習になってしまいますから）。歌うときは必ず字幕なしで。

　ほどなく歌詞を覚えて、曲がかかっていなくても、自分ひとりでその曲が歌えるようになります（歌詞の意味は全然わかっていなくてもＯＫです）。そうしたら、別の曲に移りましょう。そして、20曲くらいは空で歌えるようになりましょう。

　だいたいこれくらいで、あなたの英語はほとんど、日本語なまりの発音ではなくなるでしょう。

18　英語に浸ろう（3）

　英語のアニメやＴＶドラマや映画をたくさん見ましょう。たくさんの作品を見るだけではなく、好きな作品やエピソードがあったら、それらを繰り返し見ましょう。アニメの発音が概して（全体的な傾向として）もっとも聞き取りやすいので、アニメがおすすめです。ただし、見るときは、「聞き取

ろう」と構えてはいけません。リラックスしていましょう。何度も繰り返して見るうちに、自然に聞き取れるようになります。

　映画［実写もの］は、概して俗語が多く、発音が聞き取りにくい作品が多いので、あまりおすすめはしません（「俗語を使ってこそ、英語に熟達した人」という誤解を持ちかねませんし）。が、もちろん、使われている俗語の量などは個々の作品でまちまちではありますね。アニメやＴＶドラマよりも映画が好きなら、映画を見ましょう。

　ＴＶドラマは、１時間枠のものより30分枠のものが、概して発音は聞き取りやすいです。とにかく、好きなジャンルのもの、あなたがもっとも楽しめるものを見ましょう。

　作品は、英語や日本語の字幕なしで見ましょう。何度も見るうちに、わかる量は徐々に増えていきますから、気楽に。わからなくても心理的にへこまない人になるのは、上達に大いに役立ちます（ただし、「意味がよくわからないと楽しめない」なら、最初は字幕つきでもかまいません。また、英語の字幕と発音を対応させたいならそうしてもかまいません。やり方はあなたの好きにするのがもっともいいのです）。

　同じ作品を２回目か３回目以降に見るときは、全登場人物のセリフを聞くと同時にしゃべりましょう（実際は、「完全に同時」は無理なので、0.5秒ほど遅れてしゃべることになるでし

ょうが）。セリフは聞こえるがままにしゃべりましょう。各単語をまったく理解していなくてもＯＫです。まったく「聞こえるがまま」でＯＫです。

（注意）英語の音を聞いているときには、聞き取ろうと気持ちを張りつめさせないようにしましょう。それをすると、「英語を扱うとき（聞くとき、話すとき）つねに緊張する」という癖がつきかねません。

「全然聞き取れなくてもＯＫ」という気持ちで、リラックスして聞きましょう。さらに、「聞こう」という意識すらなくても（耳に入ってくるだけで）ＯＫです。

This looks like a job for me!

19　多読をしよう

「文法が間違っているのではないだろうか」のようなことを「しゃべっている瞬間には」心配しないようにしましょう。あなたが正しい文法でしゃべれないなら、心配しても正しい文法でしゃべれるようにはならないので、しゃべる場での心配はムダです。

文法を正しく、は日頃鍛錬しましょう（小説をたくさん読む、などで）。

　正しい文法、自然な英語を身につけるために、また語彙を増やすために多読をしましょう。その際は、楽しく読めるものを選びましょう。「楽しむため」を目的の筆頭にするのです。練習のための練習ではつまらなくて続けにくいでしょうから。

　語彙が少ない人は、少ない語彙で書かれているシリーズのMacmillan Readers, Penguin Readers, Oxford Progressive English Readers, Oxford Bookworms などを読むといいでしょうが、必ずしもその類いの（少ない語彙で書かれているシリーズの）本を選ぶ必要はなく、あなた自身の好みで何を読むかを決めましょう。そのほうが読書にのめり込みやすいですから。

　ちなみに、小説等を読むときは、必ず読み上げましょう。これは、英語を話す練習のためですが、また、これをすることで、文を後ろからさかのぼって訳さないようになれます。

20　「覚えたい」という気持ちを高めよう

　覚えなければいけないことはたくさんあります。でも「覚

えなければいけない」と考える必要はありません。「覚えたい」という気持ちがあれば、自然に楽に覚えますから、「覚えたい」という気持ちを高めるようにしましょう。

　そのためには好きなものに接するのがよい方法です。アニメでもＴＶドラマでも映画でも、物語でも小説でも、とにかく好きなものをたくさん探し出しましょう。

21 しゃべれない人が目指すべき点

　何を伝えたいのか、もっとも重要な点だけ述べましょう。それ以外は切り落とすのですが、その中に、どうしても述べたいものがある場合は、２つ目以降のセンテンスでそれを短く述べましょう。

　意見を述べる場合は、何を述べたいかをセンテンス１つで短く述べ、次のセンテンスでその理由を短く述べましょう。

22 話せることを話す

　「英語を話す」上で重要なのは、「話せることを話す」です。話せないことを話そうとしても、《当然ながら》絶句するだけなので、ムダです。

　──話せることがない場合は？　それは単に知識不足です。知識を増やしましょう。

たとえば、道を聞かれたとき、語彙不足ゆえに詳しい説明をするのが不可能なら、単に進むべき方向を指さして That way. と言えばいいのです（「話せることを話す」とは、こういったことを意味します）。また、that way という表現ができないなら、基本的な知識が欠けているのです。

We saw her! She was here!

Ⅱ

役立つ
お手軽表現

発言トレーニング

　ここ、第2部では、状況のイメージ（像）と英語をつなげる練習をしましょう。これで、英語で考えることができるようになります。

　まず日本語の部分を読んで、その状況の映像のようなものを、自分なりに頭に思い浮かべ、日本語表現を頭から消し去り、状況のイメージ（像）を思い浮かべたまま英語を読み上げましょう。そして文字から離れ、依然としてイメージ（像）を思い浮かべたままで英語を言いましょう（言っているつもり、ではダメで、実際に口に出して言いましょう）。このとき、できれば目の前に、人形かぬいぐるみを置いて、その目を見て言いましょう。

　このようにして、状況のイメージ（像）と英語をつなげていくのです。

 「もしかしたら〜かもしれない」には、could が使える

　could には「ありうる」「かもしれない」の意があります。「いったい」とか「もしかしたら・ひょっとしたら」などの意が入っている表現です。

［ゲームがまだ終わっていないときに］私たちは、まだ勝てるかもしれない。
We could still win.

［夜、怪しい物音に］どろぼうかもしれないわ。
It could be a burglar.
◎ burglar は夜盗の意。

［「犯人たちはまだ捕まっていないのよ」のあと］どこにいるかわかったものじゃないわ。（もしかしたらすぐ近くにいるかもしれない、の意）
They could be anywhere.
◎文字通りの意味は「彼らはどんなところにでもいる可能性があるのよ」

このような状況では、どんなことだって起こりうる。
In a situation like this, anything could happen.

いったい（それは）どこにあるんだろう?
Where could it be?

気をつけてね。（あなたは）ケガをするかもしれないから。
Please be careful. You could hurt yourself.

もしかしたら、妖精はいるかもしれない。
There could be fairies.

●「〜だったかもしれない」は、could have で表わせます。[52
ページも見よ]

彼女は家にひとりでいたのかもしれない。
She could have been in the house alone.

【注意】「〜ではないかもしれない」には、could は使えません。
　　could not は「〜ではありえない」の意です。
　　また、could not have は「〜だったとはありえない」の意。
（「〜ではないかもしれない」については51ページ）

それは真実では全然ありえない。
It couldn't possibly be true.
◎ possibly はここでは at all の意。

その決定は、簡単だったはずないな。
The decision couldn't have been easy.

2 「そんなことしたら〜かもしれない」に、could が使える

そんなことしたら（試したら）、私は死んでしまうかもしれないよ！
I could kill myself trying that!

［秘密がばれるようなことをしたら、の話］私たちは、そんなことしちゃダメよ！　そんなことしたら、とっても恥ずかしい思いをするかもしれないもの！
We can't do that! That could be awfully embarrassing!
◎ awfully を very の意で使うのは口語表現。

3 「〜したいくらい」には、could が使える

　この意で使うのは口語表現です。

［してもらったことに感謝して］キスしたいくらい。実際、そうするわ。
I could kiss you for that! In fact, I will!

［ビーチに横になっているとき、満足して］ずっとこのビーチで横になっていたいくらいだな。
I could lie on this beach forever.

［かわいい人形に］あなたを食べちゃいたいくらい！（それほどかわいい、等の意）

I could just eat you up!

試してみてもいいわね。

I could try.

 4 **礼儀正しいリクエストには、could が使える**

この使い方は口語表現です。

could you のうしろに please や possibly を加えると、さらに丁寧な依頼になります。

【★ Please 〜 . の命令形では丁寧な依頼ではない点に大注意！】

もっと急いでくださらない？

Could you speed it up?

◎礼儀正しく急かすのは、かなり上から目線の発言ですね。

（私たちと）いっしょに来ていただけますか？

Could you please come with us?

私たちは道に迷ったんです。ここがどこなのか教えていただけませ

んか?

We got lost. Could you please tell us where we are?

ロビーの掲示板のところに寄ってもいい?

Could we stop by the bulletin board in the lobby?

［知らない女性に話しかけるとき］ちょっといいですか?

Could I speak to you for a minute?

5 控えめな提案に、could が使える

　この使い方は口語表現です。

　maybe も同時に使うと、さらに控えめになります。

［親切な提案］（ぼくが車で家に）送っていこうか?

I could drive you home.

私が手伝ってもいいよ。

I could help.

［マイルドな提案］うーん、試してみてもいいんじゃない?

Well, you could give it a try.

［これからどうするか聞かれて］えーと、**動物園に行くってのはどうかな**。

Well, we could go to the zoo.

そのうちデートする、ってのはどうかな。**映画を見るとか、パーティーに行くとか。**

Maybe we could go out sometime. We could see a movie or go to a party.

【参考】［全然ダイレクトでないデートの誘い方の例］

I know we just met, but I wonder if maybe Friday night we could go to a movie or something.

◎ここでは maybe we could のほかに I wonder if も使って、非常に婉曲的な表現になっています。このニュアンスは、日本語には訳せませんねぇ。「ぼくたちはまだ会ったばかりだけど、金曜の夜に映画か何かに行くってのはどうかなぁ……」ではうまく訳せていません。

⑥ 「できる・できない」の感情的な強調に、could が使える

　この使い方は口語表現です。強調とはいえ、小声でも使えます。

［非難］（あなたは）どうしてそんなことができるの（言えるの、等）！

How could you!
◎あきれているときにも使います。

私はそんなこと、とてもできません！
I couldn't do that!

（そんなこと）私にだってできるわ。
I could do that.

［差し出された豪華な品に］わー、すごい！　これは、とても受け取れないよ。
Gosh! I couldn't take this!
◎ Gosh は God の婉曲語。

［命令に］できません。
I couldn't.

そんなこと、私が知ってるわけないだろ！（知り得ない、の意）
How could I know?

［覚えているか聞かれて］忘れるわけないだろ。
How could I forget?

私には、それはまったくできません。

I can't possibly do it.

◎否定文での possibly は、at all の意。

7 「(私が)～できたのに」には I could have が使える

［日本語としてより自然なのは「(私が)～したのに」ですね］

could have は「～することができた」の意です。

なぜそう言わなかったの？　ぼくが交代できたのに。きみはそれを
したいんだ、とぼくは思ってたよ。

Why didn't you say so? I could have taken over. I
thought you wanted to do it.

◎ could have は、状況（や表情や口調）によって、非難・いらだちの
意味になったりします（これは次項）。

8 ［非難］「～してくれてもよかったのに」には、could have が使える

これを非難の意で使うのは口語表現です。

きみは学校にほんのちょっと立ち寄ってくれてもよかったのに。

You could have popped over to the school for a little while.

電話してくれてもよかったのに。
You could have called.

きみはもうちょっと注意深くできた（いられた）だろうに。
You could have been a little bit more careful.

9 「〜ではないかもしれない」には、 might not や may not が使える

　might も may も、「かもしれない」の意で、might not や may not は「〜ではないかもしれない」の意です。

それは可能ではないかもしれない。
It might not be possible.

［提案に］それは全然悪くないかもしれないな。（いい、の意）
That might not be a bad idea at all.

●「〜ではなかったかもしれない」は、might not have や may not have で表わせます。

彼女はパスワードを知らなかったのかもしれない。
She might not have known the password.

●「～だった（した）かもしれない」は、might have や may have で表わせます（どちらでもＯＫ）。ただし、「だった（した）かもしれない（が、実際は違う）」場合は、might have で。

　たとえば、**It might have been stolen.** は、
　①実際は盗まれなかった物について「それは盗まれちゃってたかもしれないね」（きみがいなかったら、あそこに置いてたら、等）の意で使ったり、
　②盗まれたかどうかが不明で「それは盗まれたのかもね」の意でも使います。

> 　might have は「～だった（した）かもしれない」のほかに、［すべきことをしなかった人に対するいらだちの might］の用法もあります。口語表現です。
>
> 私に言ってくれてもよかったのに!
> You might have told me!

10 礼儀正しい提案に、might が使える

この使い方は口語表現です。

来年、その選抜テスト、受けてみてはいかが?
You might want to try out for that next year.

これ、読んでみてはいかが?
You might like to read this.

[母が子どもたちに] 次回はチリパウダーをもう少し減らしてみたらどうかしら。
You might try putting in a little less chili powder next time.

これはね (私がしてたのはね)、考え事っていうのよ。あなたもいつかしてみたら?／あはは。
It's called thinking. You might want to try it sometime. / Ha-ha.

◎ ha-ha の発音は、ほとんど「母ー」です。面白いときに使いますが、上の例のように全然面白くないときにも反語的に使います。

[マイルドな提案]
「(私たちは)〜してもいいんじゃないかな」には、
we might as well が使える

　might as well や may as well の文字通りの意味は「同じ
ようなもの」「同然だ」。
　これらを婉曲的な提案として使うのは口語表現です。

［「**新聞にはそう書いてないよ**」に答えて］うん、正確にはそうは書い
てないけど、似たようなものだよ（そう書いてあるようなものだよ）。
No, it doesn't say exactly that, but it might as well.

［飛ぶように走る姿を見て］彼女にはまるで翼があるかのようだ。
She might as well have wings.

［病院が舞台のTVドラマで、患者たちがほとんど描かれていなくて］
彼らはそこにいないも同然だった。
They might as well not have been there.
◎「彼らはそこにいないも同然だ」は、They might as well not be there.

　［婉曲的な提案］「〜してもいいんじゃない？（してもしなく
ても同じようなものだから）」には、might as well や may as
well が使えます。

［飼っている犬を2匹に増やしたくて、両親を説得するために控えめな提案］1匹飼っていて面倒かからないから、（飼う犬を）2匹にしてもいいんじゃないかしら?

One's no bother ... so we may as well have two.

［試み続けてずっと失敗している人が］もうあきらめてもいいかもね。

I might as well give up now.

12 「～のようにも見える」には、would が使える

seem や appear は「～のように見える」の意で不確かさを含んでいます（真実が何であるかを示していない）が、would も使って、さらに不確かさを加えることができます。

彼はよくなってきているようにも見える。

He would seem to be getting better.

13 would で願望を表わすことができる

彼女がここにいたらなあ!

Would that she were here!

若いときに戻れたらなあ！
I would I were young again!

私はこれを、人前ではとても着られません。でも寝室では着たいかも。
I couldn't wear this in public, but perhaps I would in the bedroom.

●would rather「〜のほうが、いい・ほしい（など）」
　この表現を使う場合、後ろに節を置くときは、そこの動詞は過去形にします。［この説明の意味はまったくわからなくてもかまいません］

たばこ吸ってもいい？／吸わないでいてくれるといいな。
Do you mind if I smoke? / I'd rather you didn't.

私たちといっしょに来る？／ううん、やめとく。
Do you want to come with us? / No, I'd rather not.
◎質問の部分は、相手の願望を聞いているので、願望を聞く表現になっています（日本語のほうには願望の動詞は入っていませんが）。

彼らに言わないでいてくれたらいいのだけれど。
I'd rather you didn't tell them.

私は紅茶のほうがいいな（飲みたいな）。

I'd rather have tea.

●prefer

would rather と同じような意味の単語に prefer がありま
す。

prefer はかなりフォーマルな表現なので、話し言葉として
は、would rather を使いましょう。

私は紅茶よりもコーヒーを好む。

I prefer coffee to tea.

14 「したい」を礼儀正しく言うには、would like が使える

want を礼儀正しく言うには、would like が使えます。

日本語では礼儀正しい表現を使わない状況であっても、英
語では would like はよく使われます。

メニュー、見ますか?

Would you like to see a menu?

［楽器店で］どんな楽器をお探しですか?

What instrument would you like?

水着をいくつか見せていただけますか?

I'd like to see some swimsuits, please.

今夜、デートしないかい（したい）?

Would you like to go out with me tonight?

ぼくはバターロールがほしいな。

I'd like a buttered roll.

● would love も同様です。「ぜひしたい」の意です。

［誘いに］ぜひ行きたいわ・ぜひしたいわ（等々）

I'd love to.

● would hate は「したくない」の意です。

［しつこいレポーターに］あなたにお話しできることは、ほかには何もありません。あなたの時間をムダにさせたくないんです。

I don't have anything else to tell you. I'd hate to waste your time.

●「〜がほしいな、〜したいな」には、feel like が使えます。
　これは口語表現です。（〜の気がする、については105ページ）

夕食は、ピザが食べたいな。
I feel like pizza for dinner.

夕食はどこに食べに行きたい?
Where do you feel like going to dinner?

1日中寝ていたいな。
I feel like staying in bed all day.

いまはだれとも話したくない。
I don't feel like talking to anyone right now.

●「〜のような気分」にも、feel like が使えます。

プリンセスにでもなったような気分。
I feel like a princess.

15 「私だったら〜」に、would が使える

これは文末の if I were you 等が省略されている表現です。

私だったら、そんなこと言わないわ。
I wouldn't say that.
◎「私は、そこまでは言わないな（それは言い過ぎ、の意)」もこれで
　ＯＫです。

私だったら、そんなことはしないわ。
I wouldn't do that.
◎次項にも同じ文があります。

私だったら、彼に「うせろ」と言うわね。
I'd tell him to get lost.
◎ get lost は、go away の意の無礼な俗語。

あなただったらどうする?
What would you do?

私は、そんなことなんかしないわ！
I wouldn't do that!

私があなたにウソついたりなんかする？
Would I lie to you?

私は、あなたの邪魔をしようなんて（干渉しようなんて）、夢にも思いません。
I wouldn't dream of interfering.

壊れた腕時計を買う人なんかいるもんですか。
Who would buy a broken watch?

私が知ってたりなんかしないよ。
I wouldn't know.
◎「私は知らないし、知っているはずもない」の意の口語表現です。

［「あなたが▽となったら、残念なことよね」と脅されて、なさけない声で］
（あなたは）そんなことなんかしませんよねぇ……。
You wouldn't.

◎なお、You couldn't. もほぼ同じで「（あなたは）そんなことなんかしませんよねぇ……」の意。詳しくは、「（良心的に等の理由で）あなたはそんなことできませんよねぇ」の意です）。

●「だろう」の強調としての「とても～だろう」にも would が使えます。

どれほど（たくさん）私が仕事をしなければならないか、きみにはとても信じられないだろうね。

You wouldn't believe how much work I've got to do.

◎この「とても」は心理的な強調です。

17 「～してくれる？」を丁寧に頼むためには、would you が使える

Would you ～? は、Will you ～? よりもソフトな聞き方です。

ぼくとキャッチボールをしてくれる？

Would you play catch with me?

実験の手伝いをしてくれる？

Would you help me with an experiment?

彼女にこの絵を渡してもらえますか?

Would you give her this picture?

あなたの写真を撮ってもいいですか?

Would you allow me to take your pictures?

◎ allow は「許可する」の意。

18 「そんなことしたら〜だろう」の意は、would で表現できる

「そんなことしたら〜だろう」や「そうしたら〜だろう」の
意は、would で表現できます。

だめだよ。そんなことしたら礼儀に反するよ。

Oh, no! That would be impolite.

そんなことしちゃだめ!　そんなことしたら私は終わりだわ。

You can't do that! It would ruin me.

それって、彼らのしそうなことよね。(彼らがそれをしたら彼ららしい、
の意。彼らはまだしていないので、仮の話です。)

That would be just like them.

そのビキニは私には似合わないわ。（私が着ても、の意）

That bikini wouldn't suit me.

◎これは、着る気がない表現で、次項の内容でもあります。

19 可能性のほとんどない話

would, could, might には、「可能性のほとんどない話や、ありえない話で使う」という重要な使い方があります。

頼みごとに対する以下の2つの返事を見てみましょう。

① I will if I can.
② I would if I could.

①は、「それをすることが可能なら、（私は）するよ」の意で、たぶん可能だろう、という感じがある返事です。

②は、「それをすることがもしも可能なら、（私は）するんだけどね」の意で、たぶん可能じゃないだろう、という思いが背後にある表現です。

［仕事でへまをしたあとの発言］私はもう、あなたのパートナーとして仕事をしないほうがいいんじゃないかな、と思う。

I think it would be better if I didn't work as your partner anymore.

ここでの would は、「パートナーとして仕事をしないこと」を望んでいるわけではないこと（パートナーであり続けたいこと）を示しています。この例文で、would を will に、didn't を don't にそれぞれ置き換えたら、「パートナーとして仕事をしないこと」を現実案として考えていることになってしまいます。

金星に行けたらいいのになあ。
I wish I could go to Venus.

スーパーパワーをたとえ持っていたとしても、何ひとつ変わらない（変えられない）んでしょうねぇ。
Having super powers wouldn't change a thing.
◎これは非現実のことを語っている例です。

20 「〜のはず」には should が使える

私が知ってるはずないよ。
How should I know?

それはまだそこにあるはずです。
It should still be there.

これで十分なはずだ。
That should be enough.

◆ ought to も should と同様に使えます（「はず」の意でも
「すべき」の意でも）。ought to のほうには、少し改まった感
じがあります。

彼はもう（家に）帰ってくるわ。
He ought to be home any minute now.

◆「〜だったはず」は、
　　should have 〜
　　ought to have 〜
　　となります。

彼女はその湖に（もう）着いているはず。
She ought to have reached the lake.

●定型表現　I should have known.
［わかるはずのことを知ったとき］（私は）わかりそうなものだったな。
I should have known.
◎ I might have known. もほぼ同じ意味（例は2つ下に）。どちらも、

いらだって使われることが多い表現です。

この泥棒ネコがあなたを誘惑しようとするってことは、（私には）わかりそうなものだったわね。

I should've known this man-stealer would try to lure you away.

◎ lure away（from someone）は「誘惑して（人から）取る」の意。

●**定型表現　I might have known.**

［雪のボールを後ろからぶつけられて、しばらく犯人がだれなのか全然わからなくて、ようやくわかったときに、いらだって］ジェイン・ミル！こんなことするのは、あなたくらいだって、わかりそうなものだったのに！

Jane Mill! I might've known!

◎ I might have known. は、文字通りは「わかりそうなものだったのに（わからなかった）」の意。

㉑　「～すべき」と「～したほうがいい」には、should が使える

　should には「～すべき」の意があり、日本語の「すべき」よりもずっと軽い感じでよく使われます（が、つねに軽いわけではありません）。

　軽く使われるときは「～したほうがいい」とだいたい同じ

です。

「〜すればよかった」には、should have が使えます。

私は何をしたらいい?
What should I do?

これ見なよ(見てごらんよ)。
You should see this.

[笑うべきでないことをくすくす笑ってほとんど話せない人が] 笑ってご
めんね。でも正直なところ、ショーナ、それって超傑作!
◎なぜ笑って謝るかというと、笑うべきではない状況だから。その点
　を述べないと、なぜ笑って謝るのかが表現できていない。「述べなけ
　れば伝わらない」が英語圏の基本的な考え方。したがって、以下の
　ようになります。
ごめんね。笑うべきじゃないんだけど、正直なところ、ショーナ、
それって超傑作!
I'm sorry. I shouldn't laugh, but honestly, Shawna,
that was hysterical!
◎ hysterical はここでは「極端におかしい」の意。この意で使うのは口
　語表現です。

[いたずらできる好機を得て](私たちは)何する?[どんないたずらす

る（どんないたずらしたらいいかな）？の意］／別になにも。

What should we do? / Nothing.

◎この状況では、日本語では「私たちは何をしたらいいかな？」とは言いませんが、意味はそれですね。

　この例で、should が**どれほど軽く使われるか**はわかりますね。ここでは、相手に名案があるか尋ねているだけです。

　What should we do? は、困った状況に陥ったときの「（私たちは）どうしよう？」の発言としても使われます。

●**定型表現　I should have known better.**

　バカなことをしたあとの自責の発言で、日本語では同じ状況で「バカなことをしたなあ」と言います。know better は「賢い・思慮分別がある」（to be smart or sensible）の意。直訳的には「私はもっと賢くあるべき（思慮分別があるべき）だった」の意です。

22 「あなたは〜したほうがいい」は、you should でよい

　you should は、「あなたは〜したほうがいい」の意として使えます（日本語の「あなたは〜すべき」ほどの強い表現ではありません）。ただし、「あなたは〜したほうがいい」は、相手が必要としていない示唆になることが多いので、そのよう

になるのを避けたいなら、押しつけがましさを消すために、頭に Maybe をつけましょう。

最後の2つは、あなたがしたほうがいいかも。
Maybe you should do the last two.

●「私たちは〜したほうがいいんじゃないかな」
[共同作業中の提案など]「（私たちは）〜したほうがいいんじゃないかな」には Maybe we should 〜. が使えます。そして、その後ろに、理由を添えるのが理想的です。

私たちはここに留まったほうがいいんじゃないかな。雨が降り始めてるよ。
Maybe we should stay here. It's starting to rain.

●「しなくてもよかったのに」
[プレゼントをもらって、よろこんで]（あなたは）こんなことしなくてもよかったのに。
You shouldn't have.
◎社交辞令としてではなく、本心から「こんなことしなくてもよかったのに」と言う場合は、really を入れて、
You *really* shouldn't have.
と言えばその意は伝わります（really を強く発音）。

●「〜してくれればよかったのに」

（きみは私に）もっと早く聞いてくれればよかったのに。

You should have asked me sooner.

23 「〜すべき」や「〜のはず」には、be supposed to も使える

be supposed to は、should と同じ意味です。ただし、should よりも意味は弱い。

どのような意味で使うかを若干細かく分けると、だいたい以下のとおりです。

- ●〜のはず
- ●〜という意図の
- ●〜する必要がある
- ●（not とともに）許可されていない
- ●（人との約束等で）〜することになっている
- ●〜と思われ（推定され）ている

あなたは私の友だちのはずでしょ?

You're supposed to be my friend.

それは痛みを和らげるはず。

It's supposed to relieve pain.

それはどんな意味のつもり?

What's that supposed to mean?

◎まわりくどい言い方をした相手に対して使う表現です。まわりくどく
　言わなければどういうことなのかを聞いている表現ですが、抗議やい
　らだちが背後にあって、答えを求めているわけではない場合が多い。

［絵を指さして］これって私?

Is that supposed to be me?

私はそこ［その部屋］で何をしたらいいんだろう?

I wonder what I'm supposed to do in there?

◎文法的には、この文末はピリオドが正しいのですが、? がよく使われ
　ます。

女の子はそんなこと言っちゃだめよ!

Girls aren't supposed to say stuff like that!

［弁解に対し］それで、私はそれを信じなければいけないの?

And I'm supposed to believe that?

私たちは（いっしょに）昼食を食べることになってたのよ、覚えてる?

We were supposed to have lunch, remember?

その家は幽霊が憑いていると（多くの人に）思われています。
The house is supposed to be haunted.

24 「たぶんそうだろうと思うが、違うといいな」と思っているとき、suppose が使える

チケットはもう全部売りきれなんじゃないかなあ。
I suppose all the tickets will be sold by now.

● suppose で、同意したくない気持ち（unwillingness to agree）を示せます。

［頼まれて、しぶしぶの返事］（作り方を）まあ、もう一度見せてあげてもいいよ。
I suppose I can show you one more time.

［気乗りしない同意］まあね。（「まあ、そうだね」「まあ、そうだろうね」「まあ、そうだけどね」など）
I suppose.
◎賛成なのだけれど、不確かさや熱意のなさなどを示したいときに使います。I suppose so. とも言います。

●確かな根拠がないが、たぶん正しいだろうと思うとき、suppose が使えます。

巨大な恐竜は沼地に棲んでいただろう、と科学者たちは考えた。
Scientists supposed that large dinosaurs lived in
swamps.

25 「まあ〜かな」には、I guess が使える

guess には「（情報がほとんどない状態で）当てずっぽうに考える」の意があります。それで「まあ〜かな」の感じは、I guess で出せます。

[あいまいな肯定]（確かなことはわからないけど、）まあそうなんでしょうね。
I guess so.
◎「根拠はほとんどないけれどそう思う」の意です。

[乗り気ではない発言] それくらいなら、まあ私でもできるかな。
I guess I can do that.

●[全然確信していない表現]「〜じゃないかな」には、I guess が使えます。

きみは行ったほうがいいんじゃないかな。

I guess you'd better go.

●賛成の度合いが弱いことを示したいときにも、I guess ～が使えます。

うーん、まあやってみようかな。
I guess I'll give it a try.

彼女たちは、まあ、いいね。
They're all right, I guess.
◎ all right には「いい（けれど、すばらしくはない）」の意があります。

　相手の言っていることが正しいと確信してはいても、それを完全に認める発言をしたくないときはあるもので、そのようなときはわざと、
I guess you are right.
と言うことはあります。

26 ［あいまいな肯定］「ええ、まあ」には、I think so. が使える

　（本書にある「あいまいな肯定」はほかに、I suppose so. ［73ページ］ や I guess so. ［74ページ］、I believe so. ［78ページ］）

I think so. はあいまいな肯定・同意の表現（an expression of vague affirmation or assent）です。

ええ、まあ。でも、確かかどうかはわからないな。
I think so, but I'm not sure.

●「～じゃないかな」には、I think が使えます。

キャット・バルーを演じるのは楽しいんじゃないかな。／きみがそう言うなら、そうなんだろうね。
I think it'll be fun playing Cat Ballou. / If you say so.

◎ If you say so. は、「あなたがそう言うのなら、そういうことにしておいてあげる」の意でも使います。

【参考】仰せのとおりに。Whatever you say.
　なお、「仰せのとおりに」という日本語は古風な表現ですが、Whatever you say. は、そうではありません。

これで終わり（完了）かな。
I think it's done.

何の映画、見たい？／何でもいいわ。軽くて面白いもの、かな。

What movie do you want to see? / Doesn't matter to me. Something light and funny, I think.

　ただし、以下のように述べれば、あいまいな同意ではありません。

彼にはとても頭にくる。／まったくそうだろうねえ。
I'm very angry with him. / I should think so.
◎ I should think so. は、同意の強調表現。

あなたはまったく正規チームの人材だと思うわ。
I definitely think you're varsity material!
◎「個人的な見解にすぎないけれども自信があるとき」の表現です。
　なお、アメリカの高校のスポーツ・チームで1軍ともいえるものを varsity team、2軍ともいえるものを junior varsity team と呼びます。

◆ think は単語の意味が広すぎて文意があいまいになることが多いので、「思う」と述べたいときは、なるべく他の表現を使いましょう（あなたが使えるときは、です）。［この例は、本項の最後まで］

彼女はとても頭がいい、と私は思う。
I believe her to be very smart.

◎ believe は「私が知っているかぎりでは、～と思う」の意で頻繁に使われます。「believe＝信じる」ではない点に注意。また、ここでの smart は clever の意。なお、I believe so. も「あいまいな肯定」の1つです。

この申し出をきみはどう思う?
How do you evaluate this proposal?
◎ evaluate は「評価する」の意。

ポーカーをスポーツとは思っていない人がいます。もしもあなたがそのうちのひとりなら、……
Some people don't consider poker a sport. If you're one of them, ...

私は状況を、きみほどひどく否定的には思っていないよ。
I don't see the situation quite as negatively as you do.
◎「状況を～のようには『見ていない』」という感じで、日本語でも同じような表現をしますね。

[優勝したときの発言] いまは(まだ)現実のことのように思えません。
It doesn't seem like reality right now.
◎同じ状況で日本人は、「まだ（優勝したという）実感がありません」と言うかも。

これ［いまから述べようとしていること］は理解しにくい話題に思える。とても込み入っているからではなく、ただあり得ることに思えないからである。

This seems to be a hard topic to understand. It's not because it is so complicated; it just doesn't seem possible.

彼女は今度の（新しい）小説でたくさん稼いだんじゃないかなと思うよ。

I imagine she earned a lot of money with her new novel.

そのほうが安上がりだ、と考えたんだよ。

I reasoned that it was cheaper.

◎ reason には「論理的に考える」の意があります。ここでの reasoned は「論理的に考えて結論に達した」の意。

彼女は、両親が心配するかもしれない、と思いもしなかった。

It never occurred to her that her parents might be worried.

◎ occur to は句動詞(phrasal verb)で、「思いつく」(「心に浮かぶ」)の意。

（その疑問は）バカげているように聞こえる（思える）かもしれないが、その疑問（を持つこと）は理にかなっている。

As absurd as it might sound, the question is logical.

◎ absurdは「理にかなっていないバカバカしさ」を示す形容詞。「不条理な」とよく訳されます。

27 感情・感覚面から「とは思えない」ときは、I don't feel が使える

それが不可能だとは思えない。
I don't feel it's impossible.

それが重要だとは思えない。
I don't feel it's important.

●感情・感覚による判断で「〜と思う」には、feel が使えます。

可能な限り広範囲の読書経験を持つことが重要、と私は思う。
I feel it's important to have as wide-ranging a reading experience as possible.

彼ら［私の友だち2人］のうちのひとりを好きだと思うこともあり、そうでないときもあります。

Sometimes I feel like I like one of them, and other times I don't.

経験的に、感覚的にそう思うときには、find が使える

to find A B の形で「AはBだと思う」の意です。

彼って知的面で刺激的だと思う。
I find him intellectually stimulating.

それって信じがたいなあ。
I find that hard to believe.

29 「考えて結論に達した」の意の「考えた」には、
figured が使える

この使い方は口語表現です。

それはただのゴシップだと思ってたよ。
I figured that was just gossip.

で、この家がまっ先に狙われるかもって考えたんです。
So, I figured this house could be a prime target.
◎ prime は「重要度やランクで1番の」の意。

30 そうでないことの根拠がなく、そう考えるのが
可能だったり理にかなっているとき、presume が使える

あの人が新しいアシスタントなんだろうね。

That's the new assistant, I presume.

31 「勝手に思い込んでいた」には、assume が使える

きみたちは同じ学校だから互いに知り合いなんだ、と私は思って
た（思い込んでた）よ。

I assumed that you knew each other because you
went to the same school.

カーテンが閉まってたから、外は夜だ、って思い込んでたよ。

Since the curtains were shut, I simply assumed it
was night outside.

◎ simply は「単純に」の意で、ここでは foolishly（愚かなことに）に
　近い。

32 「私もいまそれを言おうと思ってたところだよ」

「私もいまそれを言おうと思ってたところだよ」という日本

語は変な表現です。相手は「いま言った」のであって、「いまそれを言おうと思ってた」のではありませんから、私「も」は変です。

また、「思っていたか否か」よりも「しようとしていたか否か」のほうが重要なので、「私はそれを言おうとしていた」の表現にするほうが英語としては自然で、以下のようになります。

I was about to say that.
◎ be about to は「するところ」の意。

【参考】 おいで。映画が始まるよ。
Come on! The movie is about to start!

33 ［言い切らない否定］「そうでもないな」には、Not really. が使える

Not really. は、No. とまでは言えない場合の返事です。

きみは行きたい？／そうでもない。
Would you like to go? / Not really.

映画、よかった？／そうでもなかった。
Was the movie good? / Not really.

昼食の予定ある？／べつに（特には）。

Got any plans for lunch? / Not really.

34 ［あいまいな返事］「まあね」には、Sort of. が使える

［あいまいな返事］「まあね」には Sort of. や Kind of. が使えます。

sort of や kind of は「いくぶん」「ある程度」の意の口語表現。「ちょっと」の意で使われることもあり、婉曲的に使って真意は「けっこう・かなり」の場合もあります。

［「難しい話のあと「わかる?」と聞かれて］まあね。

Sort of.
Kind of.

私は彼のことが、ちょっと心配。

I feel sort of worried about him.

私の母は、ちょっときれい。（真意は「けっこうきれい」）

My mom is sort of pretty.

sort of は「みたいなもの」の意でもよく使われます。

［フットボールか何かのルールの説明中］その人は攻撃のリーダーみたいなもの。

He's sort of the leader of the offense.

そういったようなことは、ぼくにもあった（起こった）よ。

That happened to me, sort of.

◎ここでの sort of は、「それと同じことが起こった」のではないことを示しています。

このあたりにいままで来たことがなくて、あたり（の様子）をもっと見てみたいかな。

I've never been in this area before, and I'd sort of like to see more of it.

◎ここでの sort of は I'd like をちょっと弱めていて「ちょっと〜したい」くらいの感じです。

35 「まあ」「だいたい」ほかの表現いろいろ

［作品の感想を求められて］まあまあ。

It's rather good.

It's quite good.

◎これらは、全然ほめ言葉ではありません（It's good. よりも低評価の

表現で、「ある程度まではいい」の意）。日本語の「かなりいいね」と同じ意のつもりでこれらを使わないように注意しましょう。

ほめたいのなら、It's wonderful. くらいのことは言いましょう。

【quiteのまぎらわしい点】

quite pretty は「まあまあきれい」、quite tasty は「まあまあ美味しい」、quite rich は「まあまあ金持ち」の意。

一方、You're quite right. は「あなたの言っていることはまったく正しい」、quite impossible は「まったく不可能」、quite the opposite は「まったく逆」、I'm not quite sure. は「私は、すっかり確信しているわけではありません」の意。

★要するに、きれい・美味しいなどの「程度のレベルがいろいろある」ものに使う場合、quite は「ある程度」(to a degree）の意で、正しいか否かのような yes と no しかないものに使う場合、および否定文の場合は、「まったく・すっかり」（completely）の意ということです。

［作品の感想を求められて］まずまずだな。

It's fairly good.

◎これは、「『まあまあ』のレベルにも達していない」という意味です。

まずまずのパフォーマンス（演奏、演技、等々）

a so-so performance

an indifferent performance

その食事はまずまずだった。
The meal was passable.

彼女のテニスはまずまず。
She plays tennis tolerably.

［「つまり〜ってこと?」に対し］まあ、そんなところ。
Something like that.

で彼は、あなたは彼にとって愚かすぎ、って考えてるの?／まあ、
そんなところ。
And he thinks you're too silly for him? /
Something like that.

あなたがそういう類のことを言うときって、（いつも）心配だわ。
It always worries me when you say stuff like that.

［推測「きっと〜だろう」に対して］さあ、どうかしら?
I doubt it.
◎ doubt は「疑う」の意。

あなたはまだ（それを）持ってる？／持っていないんじゃないかな。
Do you still have it? / I doubt it.

かもね。
Maybe.
Perhaps.
Possibly.
Could be.
Might be.

かもね。でもたぶん違うね。
Maybe. But probably not.

私はするかもしれない。でも、やっぱりしないかも。
Maybe I will. But then, maybe I won't.
◎何をするかしないかが自明のときの表現です。

まだ初日だよ。彼らはうまくなるかもしれないよ。
It's only the first day. Maybe they'll get better.

［「彼がカギをかけ忘れたんじゃないかな」に対して］あり得るけど、
彼の性格からすればありそうにないな（たぶん違うな）。
It's possible. But not likely.

◎ likely が示す可能性は probably とほぼ同じ。物の性質や人の性格から予想するときによく使われます。

明日は雨かな?／たぶんね。
Will it rain tomorrow? / Most likely.

宿題、終えた?／たいていはね。
Did you finish your homework? / Most of it.

(きみは) もう温まった?／だいたいは。
Have you warmed up yet? / Almost.

仕事はほとんど終わった。
The job is about done.

だいたいそんなところ。(完全に正しいわけではない、の意)
That's about right.

[部屋の掃除] だいたい終わったわね。
I think that's about it.
◎ That's it. は、終わったことや、正しいことを示すときに使われます。つまり「終わった」や「(そう) それだよ」の意。
That's it! I quit! は「もうたくさん！ 私はやめる！」

「いましなくちゃいけないのはこれで終わり？」の意の「いまはこれ
だけ？」は Is that it for now?

［準備ができたか聞かれて］もうすぐよ。
I'm about ready.

装飾はほとんど終わっている。
The decorating is as good as finished.

雨はほとんど霧程度のものだった。
The rain was hardly more than a mist.

その2つの学校はだいたい同じ。
The two schools are much the same.

あまりないわ。（考えたことない、したことない、等）
Not much.

必ずしもそうではないわ。
Not necessarily.

今夜、デートの約束ある？／残念ながらないわ。
You got a date tonight? / Afraid not.

残念ながら、私は、あなたのラストネーム（苗字）、覚えてないな。
I'm afraid I don't remember your last name.

ちょっと違うな。
Not exactly.

あなた（の言ってること）は、まったくの間違いってわけじゃないよ。
You're not exactly wrong.

まったく同時に
at the exact same time

［多少の誤解があるとき］えーと、ちょっと違います。
Uh, not quite.
◎「まったくあなたの言うとおり、というわけではありません」の意。

私が言ったのは、ちょっと違います。
That is not quite what I said.

［提案に無関心］なんだっていいよ。

Whatever.（口語表現）

I don't mind.

I don't care.

It doesn't matter.

◎ Whatever. は、言い間違いを指摘されたときの「なんだっていいよ」としてもよく使われます。

◎ It doesn't matter. は、「それは重要なことではない」の意で、謝られたときの返事（「ああ、いいよ、なんでもないことだよ」くらいの意）としても使われます。

［手作りのパイを食べて美味しくて］きみはすごいや！／まあ。たいしたことじゃないわ。

You're fabulous! / Oh, it's nothing.

そんなの、簡単。

Piece of cake!（俗語）

It's a snap!（俗語）

No sweat!（俗語）

Nothing to it!（口語表現）

［無関心］ふーん、そう。

Do tell.

◎口語表現です。日本語の「ふーん、そう」はあいづちとして使われ
  ますが、Do tell. はあいづちではありません。

［面白くない冗談に憤慨して］面白いこと。
Very funny.

［相手の解釈に関して］それは逆ですよ。
On the contrary.

［～をすればいいだけだよ（All you need to do is ～）に答えて］
言うほうは簡単よ。（私は実行するほうだから難しい、の意）
Easy for you to say.

そういうことじゃありません。
It's not that.

その城に幽霊はいません。／でも、もしいたら?
The castle is not haunted. / But what if it is?

●発言のあと、誤解を避けるためにすぐに続ける「〜ってことではないんですよ」には、Not that 〜 が使えます。

あなたが十分うまくないってことではないんですよ。そうじゃないです。あなたは十分上手です。

Not that you aren't good enough. That's not true. You are.

●［発言のあとの追加のセリフ］「（つまり）〜だけど」には that is が使えます。文頭でも、文末でもＯＫです。

［質問に加えて］私が聞いてもかまわないなら、だけど。

That is, if you don't mind my asking.

初心者にしては悪くない、ってことだけど。

Not bad for beginners, that is.

ちっとも。

Not a bit.

いまはもう、そうじゃない。

Not anymore.

それだけじゃないわ!
Not only that!

どちらかといえば、逆です。
If anything, it's opposite.

他の点はともかくとしても、彼女はかわいいです。
If nothing else, she's cute.

◎ if nothing else は、唯一のいい点を述べるときに使います。

1時間ほど
for an hour or so

36 「〜か何か」には or something が使える

or something は口語表現です。

スクラップブックか何かの中に
in a scrapbook or something

彼はまるでショック状態か何かのようだった。
He looked as if he were in shock or something.

彼はあたかも、ライフガードか何かをして夏を過ごしたかのように
見えた。

He looked as though he had spent the summer
being a lifeguard or something.

彼女はきみのガールフレンドか何か？／「か何か」が何なのかに
よるな。

Is she your girlfriend or something? / That
depends. What's the 'or something'?

　or something は、次のように、動詞や形容詞の後ろに置く
こともできます。

それって、溶けるとかしないの？／もちろん、しないわ。
Doesn't it dissolve or something? / Obviously not.
◎ここでの obviously は、経験的に明らか、ということです。

あなたは気が変か何かなの？
Are you crazy or something?

●「〜とかじゃないけど」の場合は、not 〜 or anything です。

私は天才とかじゃないってわかってるけど、2軍のメンバーになり

たいなあ。

I know I'm not a whiz or anything, but I'd sure like to make junior varsity.

◎ whiz は「抜きんでた才能や技術のある人」の意の口語表現。junior varsity については、77ページ。

37 「どういうわけか」には、for some reason が使える

「どういうわけか」は文末か文頭に、for some reason を置けばよい。

(私たちには) チームの結束がないみたいなんです、どういうわけか。

We don't seem to have the team solidarity, for some reason.

◎ don't seem to have の部分は語順が変に思えるかもしれませんが、これで正しい語順です。

38 「わからない」をいろいろ使い分けよう

日本語の「わからない」はいろいろな状況で、かなり広い意味で使われます。英語では、状況に応じた表現を使いましょう。

(慣れないうちは、使い分けられないでしょうが、それを気にす

る必要はないですよ。気楽に。）

I can't tell the difference.
違いが（知覚的に）わからない。

I don't know the difference.
違いがわからない・違いを知らない（それらについては十分といえるほど知っているけれど）。

I don't understand the difference.
違いがわからない（考えたのだけれども）。

I didn't realize the difference.
違いがわからなかった。［気づいていなかった、の意］

それがだれだったか、ほんのちょっとでも思いつくことある？／声がだれのか、全然わからなかったわ。

Do you have *any* idea who it was? / I didn't recognize the voice at all.
◎ここでの recognize は「過去の経験や知識で特定する」の意。

［確信が持てないときの返事］わかりません。

I'm not sure.

確かかどうかはわからないんだけどね。

I don't know for sure.

言っている意味がわからない。

I don't get it.

◎口語表現ではありませんが、カジュアルすぎなので、フォーマルな
　場では使わないほうが無難です。

［しかりつけているときなどの発言の最後にする、高圧的な表現］わか
ったか？

Do I make myself clear?

◎「おわかりいただけましたか？」のような優しい表現ではない点に、
　要注意！　とても厳しい（very stern）表現です。

［道を聞かれて、道順を説明して］わかりましたか？／ええ、わかりま
した。

Did you get it? / Yes, I got it.

［カジュアルな表現］（意味や指示が）わかった？

Got it?

◎ジョークの場合は例外的で次の例。

［ジョークを言って、最後に］わかった？（わかる？）

Get it?

（意味や理屈が）全然わからない。

It doesn't make sense.

なるほど、そうだね。

That makes sense.

◎相手の意見などが理にかなっていると思うときに使う表現です。

あなたはいったいなに言ってんの？　わけわかんないよー。

You're not making any sense.

あなたの話の要点がわかりません。

I don't see your point.

［迷子のような子犬を見て］この子を放っておいちゃだめよ。ここは
危険すぎるわ。／そうだね。

We can't just leave him alone. It's too dangerous
out here. / You have a point.

◎ You have a point. は「きみの言っていることは的を得ている」の意。

　　以下、参考として、同意表現が３つ続きます。

ごめんなさい。お父さんはちょっと過保護なの。／そのとおりだね。

I'm sorry, but Daddy is a little over protective. /
I'll say.

◎ I'll say. は「私はまったく同意する」の意の口語表現。

家に帰ろう。／ああ、そうだね。

Let's go home. / You said it.

◎ You said it. は「私はまったく同意する」の意の口語表現。

じゃあ、決まりだね。／もちろん。

It's settled, then? / You bet.

◎ you bet は強い同意の意の口語表現です。

［質問に対し］わかりません。（知っていません、の意）

I don't know.

◎ I don't know. には口語表現として、不賛成や不確かさを示す「さ
　あ、どうかな」「そうかしら」の意もあります（次の例）。

彼はとっても傷つきやすいだけよ。／さあ、どうかしらね。

He's just super sensitive. / I don't know.

◎ この場合の真意は、I disagree. です。

全然わからない（見当もつかない）。

I have no idea.

◎そっけない表現なので、使う場に注意。

Don't ask me.

質問への返事として使う、口語表現のイディオムで、「答えがわからない」の意。

Don't ask.

質問への返事として使う、口語表現のイディオムで、「答えたくない」の意。

Do you understand?

これは、上から目線の質問「理解した？」なので、日常の対話ではまず使われません。初対面の人に対して使うと、かなり攻撃的です。

私は解き方がわからなかった（見つけられなかった）。

I couldn't find a solution.

音だけじゃ、それが何かわからないよ。

I can't guess what it is just by the sound.

◎ここでの guess は「（情報がほとんどない状態で）当てずっぽうに考

える」の意。

カンザスのようなところに住むってどんな感じなのか、私にはわからないな（想像できないな）。

I can't imagine what it is like to live in a place like Kansas.

◎ちなみに Kansas の発音はキャンザスです。

彼女がなぜ教師になったのか、わからないな。彼女は明らかに、子どもをひどく嫌っているからね。

I can't imagine why she became a teacher because she obviously dislikes children intensely.

◎この例は「その背後の理由が私の想像力を超えている」ということですね。

39 「まあ、そうだろうね」には、It figures. が使える

まあ、そうだろうね。

It figures.

◎驚くようなことじゃないね、予想できることだね、などの意。口語表現です。

［「〜は〜なんだよ」に答えて］そりゃそうよ。

I don't wonder.

◎（それは）驚くことではない、の意。

やっぱりそうか、思ったとおりだった。

I thought so.

そういう風に感じているのは私だけだと思っていたよ。

I thought I was the only one who felt that way.

やっぱりね。

I knew it!

◎思ったとおりだったときに使います。

そんなこと知ってるよ。

I know that.

［同意］わかってるよ（言われなくても）。

I know.

私、幽霊こわい！／みんなそうだよ。

I'm scared of ghosts! / Everyone's scared of ghosts!

それにもちろん、あなたはいつもとっても論理的だわ。／当然よ。
And of course, you are always so logical. /
Naturally.

40 「～なんだね」には、I see が使える

あなたは見かけほどバカじゃないのね。
I see you're not as stupid as you look.

（きみは）地理（で学んだこと）を覚えているんだね。
I see you remember your geography.

●「～なんだってね」（と聞いているよ、の意）には、I hear
が使えます。

（きみは）フロリダに行くんだってね。
I hear you're going to Florida.

41 「～（という）気がする」は、I have a feeling

今日は雨になりそうな気がする。
I have a feeling it's going to rain today.

（対比用）

今日は雨になりそうだ。

It's going to rain today.

◎これはちゃんとした根拠があるときの表現です。

「直感的に、そうだろうという気がする」ときには、have a hunch が使えます。hunch は直感の意です。

彼は遅れる気がする。

I have a hunch he'll be late.

【遅刻に関する参考】

［約束の時間に遅れて来た相手に］ようやく（来たわね）。

Well, it's about time.

about time は「するべき時間をずっと過ぎているとき」に使うイディオムです。文末を省略しない場合は、たとえば以下のようになります（続ける部分の動詞は過去形）。

Well, it's about time you got here.

さらにセンテンスをもう１つ加える場合は、なぜ「するべき時間をずっと過ぎているのか」の理由を続ける形です。たとえば、

Well, it's about time you got here. You're an hour late.

とか、

Well, it's about time you got here. I've been
waiting for an hour.

といった具合です。

◎ about time を1語ずつの逐語訳的解釈で「そろそろその時間」と誤
解しないように注意しましょう。これは、日本人によくある（英和辞
典にもある）誤解です。

（あなたは）めずらしく時間通りね。

On time for a change!

◎文頭の You're が省略されています。

for a change は「めずらしく」とか「たまには」などの意で使われる
イディオムです。

42 「わざわざ」には、bother が使える

わざわざそんな（そのような）ことしなくてもいいよ。

Don't bother.

わざわざ（それを）隠そうとするなよ。

Don't bother trying to hide it.

43 「～しなくっちゃ」には、have got to が使える

have got は have と同じ意味ですが、くだけすぎているので、日本人は使わないほうがいいです。

きみが歌うのを聞いたことがあるけど、きみはいい声をしてるね。
I've heard you sing, and you've got a great voice.
◎意味のない「けど」には、but を使ってはいけません。

もう行かなくっちゃ。
I've got to go.

着替えなくっちゃ。
I've got to get changed.

●知りたい、などの願望が強いときは、have got to や have to がよく使われます。

それ（その小説）がどういう結末だったのか、知りたいよー！
I've got to know how it ended!

［相互に誤解があるとき、長めの説明を始める前に］最初にこれをはっきりさせておきたい。

There's something we have to get straight first.

［解決策を思いついてほしいとき］なにか（いい案を）考えて。

You have to come up with something.

どうやってそれをするか、ぜひ教えてくれよ。

You've got to teach me how to do that!

［悪気はないけれどもうるさくつきまとっている相手に］（お願いだから）私のことはほっといて。

You have to stay away from me.

●強く勧めるときにも have got to や have to は使われます。

この本、読んだほうがいいよ。すばらしいんだよ。

You have to read this book. It's fantastic!

これ見なって（見なよ）。

You've got to see this.

44 「しなくてはいけない」には、must が使える

　must を「せねばならない」の意で使うのは、改まった感じがあって、「must をその意ではほとんど使わない人」はいます。

（私たちはそれを）取り戻さなくては！
We must get it back!

［困った事態に］（私たちは）何かしなければいけないな。
We must do something.

中の様子がどうなっているか、見なくてはいけないな。
I must see how it looks inside.

きみにぜひ話があるんだ。
I must talk to you!

あー、いつか昼食をいっしょに、どう？
Uh, we must have lunch sometime.

45 「きっと」には、must が使える

must は、論理的な帰結「きっと〜」に使えます。

［捜している本がロッカーの中にないのを見て］ここにないわ。きっと家に置き忘れて来たんだ。
It's not here. I must've left it at home.

テッドはとてもすてきな人ね。あなたは（きっと）彼が好きなんじゃない?
Ted is a great guy. You must like him, don't you?

［そう考えるちゃんとした根拠があっての発言］きみはきっと、ほかのロックスターにも会ったことあるんだろ?（あるんだろうね、の意）
You must have met some other rock stars.

私はきっと夢をみてるんだわ。
I must be dreaming.

それはきっと間違いだよ。
It must be a mistake.

それはこのあたりにあるはずだ。
It must be here somewhere.

［会う予定の人に会って］やあ、きみがベスだね。
Hi, you must be Beth.

［相手が連れてきた犬を見て］これがレックスね。
This must be Rex.

［レックスの様子を見て］きっとおなかがすいているのね。
Rex must be hungry.

彼［レックス］はきっと、自分は人間だって思っているのね。
He must think he's a person.

あなたのお父さんはきっとかなりの**選挙運動家**なんでしょうね。
Your dad must be quite a campaigner.

●論理的帰結「〜ということになる」には must が使えます。

とてもいいにおいがするのは、きみなの？／そういうことになるわ
ね。ここにいる**男子**たちではありえないから。
Is it you who smells so good? / It must be. It can't

be any of these guys!

★ It must be true. の 2 つの意味

［対話中］それはきっと正しいだろう・真実だろう。

［論証中、いろいろ述べた後］それは正しい、ということになる。

46 「きっと」には、bound to も使える

be bound to は、will almost certainly の意です。

私はきっと、またヘマをするわ。

I'm bound to goof up again.

◎意味は未来のことですが、現在形です。

それはきっと起こるだろう。

It's bound to happen.

彼はきっと遅れる。

He's bound to be late.

47　予想での「きっと」には、I'm sure が使える

　　I'm sure は「私は確信している」の意。日本語では「私は
確信している」はめったに使われませんが、英語では、I'm
sure は頻繁に使われます。

きみはきっと役をもらえるだろう。

I'm sure you'll get a part.

彼はきっと理解してくれるわよ。

I'm sure he'll understand.

48　「ダメ」には、can't が使える

新しいことを試みるのをおそれてはダメ。

You can't be afraid to try new things.

◎昔の参考書等には、be afraid of はイディオムとよく書いてありまし
　　た が、イディオムではありません。つまり、of はなくてもＯＫ。
　　be afraid の後ろに名詞を置くときに of＋名詞 の形にする、というだ
　　けのことです。

114

そんなことしないで!
You can't do that!

こんなこと私にしないで!
You can't do this to me!

ダメ！［何がダメか、自明のとき］
You can't!

彼には、私のこんな姿、見せられないわ。
He can't see me looking like this.

◎まったくの余談「イディオム」

　イディオムとは、それを構成する単語のうちから1語も省略できない2語以上の表現を指します。

　私が中学生のころ、be interested in や be afraid of はイディオムと書いてある参考書がたくさんありました（とほほの時代です）。もちろんそれらはイディオムではありません。I'm not interested.「興味ありません」とか、Don't be afraid.「怖がらないで」と言うことができますから。

49 「〜のことがある」には、can が使える

あなたって、ときどきとっても幼稚ね。

Sometimes you can be so juvenile.

だれだって間違いはするものだよ。

Anyone can make a mistake.

女の子ってとってもささいなことで怒ることがあるものなんだなあ。

Girls can get upset over the least little thing.

◎ upset は「動転させる」の意で、悲しませる・心配させる・怒らせ
　る、などを示します。

あいつら舞台係はときどきとってもバカだ!

Those stagehands can be so dumb sometimes!

◎ dumb を stupid の意で使うのは口語表現で非常によく使われます。

50 すでに組まれている予定は進行形で表現できる

(「進行形って何?」と思う人は、その語の意味がわからなくて
もいいですよ。以下の例を見ればどんな形にすればいいかがわか
るでしょうから)

なお、むかし、多くの大学入試用参考書には、進行形が示す未来は「近い未来」と書かれていましたが、それは間違いで、近くない未来も示せます。

土曜は何をする予定?
What are you doing Saturday?

(私は) 今日の午後、オーディションを受ける予定。
I'm auditioning this afternoon.
　(注) アメリカの高校では、フットボール・チームやチアリーディング・スクワッドなどに入るためには、オーディションを受けなければならない。

引っ越すんですか?
Are you moving?

きょうは歩きにするわ。
I'm walking today.

(私たちは) ヘリコプターに乗るの?
We're taking a chopper?
◎ chopper は口語表現。

［予定していたことをしたあと］（これから）どうする？／わからない。

What are we doing? / I don't know.

◎これは、これからの予定を聞いている例です。

51　「〜のつもり」には、be going to が使える

なお、be going to go の場合は、to go を省略して、単に be going とするのが普通です。

まったくそのとおりです、私たちがしようとしているのは。

That's exactly what we're going to do.

で、これからあなたは何をするつもり？

So, what are you going to do now?

この now は、何かが一段落したときに使う now です。

卒業したら何をするつもり？／曲を作る。

What are you going to do when you graduate? / I'm going to make music.

彼になに言ったらいいんだろう？［ただ話をするためにその人のところに歩いて行って、会う直前、なにを言うかを思いつけず（決められず）焦っているところ］

What am I going to say to him?

（あなたは）どこ行くの？
Where are you going?

私は家に帰る。
I'm going home.

52 予想の「〜だろう」は、be going to でも will でもOK

（私は）フロリダにいる間、きみがいなくてさびしく思うだろうな。／私も。
I'm going to miss you while I'm in Florida. / I'll miss you, too.

53 ［強い願望］「だったらいいな」には、I wish が使える

この動画講座、取らなければよかったな。
I wish I'd never taken this video course.

その場に居合わせたかったなあ！
I wish I could've been there.

［落ち込んでいる人が］どうしたらそのことを気にせずにすむか、方法がわかればいいんだけどなあ。

I wish I knew how not to let it get to me.

◎ get to はここでは「害ある影響を与える」の意。

54 ［実現の可能性に自信がない願望］「〜だといいな」には、I hope が使える

そうだといいな。

I hope so.

◎そうできるといいな、などの意でも使います。これは so が何を意味するかに依存します。

［プレゼントを渡すとき］きみが気にいるといいんだけど。

I hope you like it.

［予約してあるレストランに着いて］このレストラン、（きみが）気にいるといいんだけど。／すてきなところね。

I hope you like this restaurant. / It looks lovely.

◎ lovely は beautiful の意。

きみの言うとおりならいいんだが。

I hope you're right.

★結婚披露宴で祝辞のつもりで、I hope you'll be happy together. なんて言ってはダメですよ。それでは、幸せになることを確信していない表現「おふたりが幸せになれるといいですね」になってしまって、周囲の人たちに嫌がられます。これを言う日本人はなぜか多いそうなので、要注意。

55 提案には、how about が使える

軽い提案「〜はどう？」には、How about 〜? が使えます。

そうだ、ピザはどうかな?
I know. How about a pizza?
◎いい案を思いついたときの「そうだ」には、I know が使えます。

●［示唆］「〜してみたら？」には、Why don't you 〜? が使えます。

試してみれば?
Why don't you try?

●話し合って決めなければいけないような内容ではないとき、「（私たちは）〜しましょう」には、we'll が使えます。

（私たちは）席についたほうがいいわ。続きは放課後話しましょ。
We'd better get to our seats. We'll talk more after
school.

あとで話し合おう。
We'll talk later.

（私たちは）ちょっと場をはずしましょう。
We'll be gone for only a short while.

あすの朝、湖で会おう。
We'll meet at the lake tomorrow morning.

［既出の提案表現］
　　◇ could --> 47ページ
　　◇ might --> 53ページ
　　◇ Maybe you should --> 69ページ

56 had better は「したほうがいい」なのだけれど……

　had better は言外に必ず「さもないと」の意を含んでいます。「さもないとどうなのか」が自明のときは問題ないのですが、そうでないときは使わないほうが無難です（脅しにな

る場合があります）。目上の人に対して You'd better 〜 と言うのは敬意を欠く言い方となります。

［脅し］オレが言うとおりにしたほうがいいぞ、さもないと（わかってるだろうな）！
You'd better do as I tell you, or else!
◎ or else を述べてしまうと、まったくの脅しです。

急いで決めたほうがいいよ。
You'd better hurry up and decide.
◎これを目上の人に言ってはいけません。友人に対してならＯＫです（ただし、威嚇口調で言わないように注意）。

［友人に、いまから始まることに関して］これは見ていないほうがいいよ。
You'd better not watch this.

［ひとりごと］（私は）確かめたほうがいいな。
I'd better make sure.

私たちは急いだほうがいいな。
We'd better hurry.

（私たちは）だれにも見られないようにしたほうがいいわね。

We'd better not let anyone see us.

◎この let は「（するのを）許す」の意。

57 状況説明を求めるときは、What's going on? が使える

what's going on は状況が理解できなくて説明を求める表現です。

信じられない出来事に「なに、これ？」、奇妙な出来事に「いったいどういうこと？」、手品のしかけがわからなくて「どうなってるの？」、等々。

What's going on?

どうしたの？　なぜ人が集まってるの？

What's going on? What's the crowd for?

［相手の行動をとがめて］何してんだ？

Hey! What's going on?

［2階から、下の人に向かって］下で何してるの？

What's going on down there?

あなたとジェレミー、どうなってるの?
What's going on between you and Jeremy?

58 「じつは」には、actually が使える

じつは、ぼくも、そんなたわごと信じてはいないんだけどね。
Actually, I don't buy all that bullshit, either.
◎ actually は「実際のところ」「でも、じつは」の意としてよく使われます。ここでの buy は「真実であると受け入れる」の意で、俗語。bullshit は下品な俗語。

正直なところ、信じられないな。
Honestly, I don't believe it.

(まったく) 正直に言えば、……
To be perfectly honest, ...

正直に言えば、それはひどい映画だった。
Truthfully, it was a lousy film.
◎ lousy を very bad の意で使うのは俗語。

率直に言えば、(私には) どうでもいいや。
Frankly, I don't care.

［ふざけた話のあとで］でも、まじめな話、（それを）ゆっくり閉め始めて。

But seriously, start closing it slowly.

［魔法の本の指示通りに呪文を唱えている人に］まじめな話、あなたってバッカじゃないの?

Seriously, you must be an idiot.

【参考】

　［ふざけているように聞こえる発言に］ふざけないでよ。

Be serious.

［ひそひそ声で］ここだけの話、（あなたは）服がダサくて、ひどいありさまね。

Confidentially, you look a mess in that tacky outfit.

◎ tacky は「ダサい」という意味ですが、俗語ではなく、口語表現です。outfit は服装の意。

あきらかに、答えは23である。

Obviously, the answer is 23.

◎ obviously は「簡単にわかる」ときに使います。

私のほうが優れているってことが、まだあなたにはわかっていない
ようね。

Apparently, you're still not aware of my superiority.

◎ apparently は「そのように見える（思える）」ときに使います。

59 主語をなにしたらいいかわからないときは、it を主語に

「主語をなにしたらいいかわからないときは、it を主語に
するとＯＫ」であることはよくあります。もっとも、すぐに
慣れて、このことを考えずに it が反射的に口から出るよう
になるでしょうが……。

もう20分経ってる!
It's been twenty minutes!

あなたの番ですよ。
It's your turn.

終わった!（完成!）
It's all done!

じゃあ、決まりね。
It's settled, then.

むかつくーっ!
It's so disgusting!

話せば長い話なんですよ。
It's a long story.

(そんなことしても) ムダだよ。
It's no use.

[びっくりしたあとで] なーんだ、あなただったの。
It was only you!

あなたらしくないわね。
It's not like you.

[店内を見て] いつもより混んでいるんじゃない?
It's more crowded than usual, isn't it?

[たくらみに人が引っかかって] うまくいった!
It worked!

演繹すればいいだけのことよ。

It's just a matter of deductive thinking.

◎ a matter of deductive thinking は、「演繹で片付くものごと」の意。

クリス・メイフィールドのはずないわ。クリスはフットボールしてないから。

It can't be Chris Mayfield, because Chris doesn't play football.

みんなで遊んだら、もっと面白いよ。

It's more fun when everyone plays together.

Ⅲ
表現習慣の違い

表現習慣の違いについては、すでにいろいろ書きました。それらも含めて、要点をここに簡単に並べておきましょう。

［基本姿勢］英語ではあなたの話が相手に、正確に、誤解なく伝わるのが最重要

まわりくどい表現を使わないようにしましょう。日本式のまわりくどい表現では、たいていは相手に誤解を与えます。また、流暢に話す必要はありません。流暢に中身のない話をしたら軽薄なバカです。たどたどしくてもいいので「しっかりとした内容」の話をしましょう。

［述べ方の基本］要点が先、詳しい説明はそのあと

日本人は「これこれで、またこれこれで、そういう理由で、云々なのです」のように理由部分を先に長々と述べて、結論を言うのを最後にまわしてしまうことが多いので注意。結論や要点を先に述べて、そのあとで理由や詳しい説明を述べるのが基本です。ただし、理由部分が数語程度なら文頭に置く形でもかまいません。要点を述べずに細かな事柄から話し始めるのは厳禁です。

③ 相手の意見に対しては、賛成か反対かを必ず述べること

　日本人は賛成か反対か述べることを省略して返事をすることが多いので注意。あいまいな賛成でもあいまいな反対でもよいのでとにかくそれを述べましょう。答えを省略して話を続けるのは、英語としては不自然ですから。

（例）「宝石、ほしくないの？」「私は倹約家ですから」——これではダメです（答え「いいえ（ほしくありません）」が省略されていて、答えの理由だけが述べられています）。

④ 「言わなくてもわかることは極力省略」
（これは日本の表現習慣の基本）はダメ

　言わなくてもわかることでも省略せずに述べる。これは特に、理由を説明しているときには厳守しましょう。英語圏の人には「相手の話の中で欠けている部分を察して、勝手に脳内補完する」という習慣はないので、「察する」ことを相手に求めてはいけません。

⑤ いろいろな事柄に関して自分自身の意見を持っておこう

　英語での対話で「意見を聞かれて絶句（意見を言えない）」

──日本人はこれが多い。英語圏では、自分の意見を説明できない人は、無能とみなされます。いろいろな事柄に関して自分自身の意見を持ち、なぜその意見なのか、理由も自分で把握しておきましょう。なお、英語圏では、「多数派に同調しなければならない」という発想はまったくありません。「自分の意見を決める前にまず他の人の意見を聞く」という習慣は捨てておきましょう。さもないと、自分では考えたこともない事柄についての質問を受けたときに、（他の人の意見を知らないために）自分の意見がいつまでも真っ白のままになってしまいかねません。あなたの意見は他のだれとも異なるものであっても全然ＯＫです。

6 何人かで英語で意見を述べ合っているときは、「どの意見の理屈がもっとも納得のいくものか」だけを考えよう

理屈とは別の点で意見を判断してはいけません。さらに、理屈から離れて、「自分が述べた意見」に固執してはいけません。なお、意見は、述べられたあとは、「あなたのもの」ではなく、全員の共有のものとなります（「あなたの意見」ではなく単なる「意見Ａ」となる）。「自分の意見」と考えないようにしましょう。

「空気を読む」は論外

　日本語の「空気を読め」は「場の人々が何を望んでいるかを察して、それをみたす行動をせよ」の意ですが、英語圏では、これは論外です。場の人々が何を望んでいるかを推測・憶測するのはいいのですが、その推測・憶測は推測・憶測のままに留めておきましょう。あなたの行動に反映させる必要はまったくありません。あなたの行動はあなたが好きなように決める権利があります。それが個人主義なのです。好きなように行動するのをためらう必要はありません。

　あなたが個人主義を捨てた行動をしたいのなら、あなた自身の行動選択なのでそれはそれで構いませんが、他の人に空気を読むことを求めてはいけません。それは個人主義に反します。

　たとえば、
「大勢が我慢していることだから、あなたも我慢して」という発言はダメです。
「みんながA案に賛成しているんだから、あなたも賛成して」という発言もダメです。

★ちなみに、「大勢が我慢していることだから、あなたも我慢して」と言わずに何を述べたらいいかわかりますか？

我慢するべき理屈を平易に詳しく述べればいいのです。その理屈が相手にとって理にかなったものであれば、相手は納得して我慢するでしょう（英語圏では、理屈と行動は一致します。それが英語圏の行動習慣です）。

「質問に対して」
　すでに③がありますが、以下、少し詳しく説明します（⑧〜⑪）。

⑧ 質問に対する返事は、まず、短くひとこと（1語から3語ほど）で答えよう

　質問に対する返事は、長いセンテンスで話し始めるのではなく、まず、短くひとこと（1語から3語ほど）で答えましょう。これが英語として自然です。

★質問に対する返事の1つ目のセンテンスは、ごく短いものが望ましい── yes か no を示すタイプのものとか、答えの概略や要点を示すもの、等々。

　で、何のことで（あなたたちは）言い争ってるの？／何をしようとか、いつとか、場所とか、だれが何を運ぶかとか──細かいこと全部。
◎返事はこれで別に問題はないのですが、いきなり細かな話が長く続

くのは聞いていて疲れるので、最初にまず、短く答えるほうがいい
ですね、「なにもかも」と。

So what is it exactly that you argue about? / Everything. What we're going to do, when, where, who's going to carry what — every detail.

[機器の配線間違いの話]「じゃあ、今度はどんなヘマをした?」
(Well, what did you do wrong this time, then?)

　に対して、

「今回は間違ったことは何もしなかったよ」

◎返事は、これでいいのですが、数語にわたります。なので、1語か
　2語ほどの返事をこの前に置くほうが自然です。

何も。今回は間違ったことは何もしなかったよ。

Nothing. I didn't do anything wrong this time.

「[アルバイトの] 仕事、どうだった?」(How was work?)
に対し、

「私は1日中おもちゃ売り場にいたのよ。ひどかったな」で
もいいのですが、肝心な部分が後ろに行ってしまっていま
す。まず「ひどかった」と述べるほうが自然です。

ひどかったわ。私は1日中おもちゃ売り場にいたのよ。

Awful. I spent the whole day in the toy department.

◎余談ですが、toy department は「おもちゃデパート」ではありません。

［男子数人と女子数人が湖に行き、着いてすぐに女子2人が、水着の上に着ていた服を脱いで、湖に走って行って飛び込む。男子の1人が横にいるおさななじみの女の子に］「きみたちみんな、あれほど気が変なの？」（Are all of you that crazed?）

◎ that を「あれほど」の意で使うのは俗語。

　この質問に答えるのが日本人なら、たいていの人は、10語余りほどのセンテンスで答えたくなるでしょうね。誤解を与えない答えなら、それで全然問題はないのですが、それでは英語としてはちょっとだけ不自然です。

　みんなそうなのかを聞かれているので、みんなではないなら、自然な返事は2語—— Not all. です。

みんなじゃないよ。でも水のこととなると、この私は、そう！［と言って湖に走って行って飛び込む］

Not all. But when it comes to water, this one is!

　質問に対する返事のときだけではなく、何らかの説明の際、日本語の典型的な表現は、たとえば、「最初はこれこれで云々。で、最後はこれこれなんですよ」などのような形で

す。つまり、全体が詳細説明です。

　英語の表現習慣では、最初には可能な限り短く要点を述べて、その後ろに、それについての詳しい説明を続けます。

　長い説明の前に置くのは、必ずしも要点でなくてもかまいません（これは次の例）。要するに、いきなり長い説明を始めるのを避ける方が自然です。

「彼はどのようにしてそれをしたんだときみは思う?」
(How do you think he did that?)

　これに対して、いきなり長々と「それは、こうこうなんじゃないかな」と30秒以上述べても全然間違いではないのですが、その前に短くひとこと言うほうが自然です。たとえば、

I think I know. It was ～ .

　このように頭に述べてあると、どれほどの確信度で以下の発言が述べられるのかがわかって、聞いている人にはとても楽です。

9　「質問の背後にある意図」に答えず、質問そのものに答えよう

　質問に対して、「質問の背後にある意図を察して、その意図に答える」——日本語の会話ではこれがよくありますが、英語ではこれをしないようにしましょう。

（例）「それ、余ってますか？」

　この質問の意図は「いただけますか？」で、それを聞いた日本人はその意図に対して答えたりします、「ご自由にどうぞ」と。

　英語では基本的にはこのようにはなりません。

「それ、余ってますか？」「はい、余っています」これで終わりです。

　なぜそんなことを聞くんだろう？と思った場合は、Why do you ask? などのように聞き返します。質問を「それ、余っていたらいただけますか？」の意と勝手に変換して、変換したあとの質問「それ、余っていたらいただけますか？」に対して答える、などということはしません。

　英語では、質問は、聞きたいことそのものを尋ねなければなりません（まわりくどく加工せずに）。答えるときは、脳内変換した質問に対して答えるのではなく、質問そのものに対して答えなければなりません。

【書くとかえって紛らわしいかもしれない追記】基本的には
以上です。英語でも、質問そのものに対して答えないことは、じつは頻繁にあります。

10 「相手が察することができるはずのもの」を省略せず、明言しよう

「相手が察することができるはずのもの」を省略せず、明言しましょう。それが英語の表現習慣なのです。

　野生動物を飼っている人へのインタビューの録画の最後のメッセージで次のものがあったとします。

「（このインタビューの録画を見ている人で、）野生動物に関して何か質問がありましたらワイルドライフ・センターに電話してください」

　日本語だったら、（頭のカッコの中の部分は言わないでしょうし、）これで終わりかもしれません。この後ろに「電話していただいても何もできませんが」と続くわけはないことはわかりますし、何らかのサポートをしてもらえるのだろう、と予想はつきます。なので、日本語なら、省略してもＯＫ、という発言習慣ですね。

　でも、英語では違います。このままでは、「なぜ電話するといいのか」が明言されていないからです。「電話していただいても何もできませんが」などのように続いたりはしないことを示さねばならない、という発言習慣なのです。

　したがって、たとえば次のようになります。

If any of you viewers have questions about wild animals, call the Wildlife Center. They are equipped to help you.

このインタビューの録画を見ている人で、野生動物に関して何か質問がありましたら、ワイルドライフ・センターに電話してください。あなたのお役に立てる準備ができています。（2つ目の文は、自然な日本語に置き換えれば、「あなたのサポートをいたします」くらいでしょうか）

11 「察する」ことを相手に求めないように

　日本人は理屈をきちんと述べません（相手に「察する」ことを求める気持ちが強いし、その気持ちが強いことをほとんどの人は認識していません）。

　文章例で言えば、英語圏の人が書くと20行ほどになる理屈説明は、日本人が書くと2行から4行ほどになります。日本人は、読み手が察することができるだろうと思う部分を可能な限り省略してしまうからです。

　「このままでは、これこれの結果となるだろう」「▽▽すべきである」などの主張のみで、理由をまったく述べないことも頻繁にあります（これは、新聞の社説にほとんどつねに見られる傾向です）。

　理由をきちんと（省略せずに）述べましょう。

日本人がきちんと述べないのは、理屈だけではなく、主張でもそうです。たとえば、図書館の中が騒がしいとき、「うるさーい！」とだけ言って、肝心の主張「静かにして」を述べない人はよくいますが、その人は「うるさーい！」を聞いた人が、述べられていない主張を察することを求めているのです。

　返事のあり方でもそうです。

　依頼された際に「それは難しいですねぇ」と答えて終わりの人はたくさんいます。「難しいから拒否か否か」を述べませんし、なぜ難しいのかの理由も述べません。「返事が拒否であることを察せよ。その理由も察せよ」と相手に求めているのです。これではダメです。難しいから拒否なのか、難しいけれどもＯＫなのかを、英語ではきちんと述べるようにしましょう。

12　余分な前置き（表現を和らげようとする譲歩表現）はいらない

　「多くの人が賛成していることはわかっていますが、私は反対です」

　英語では、この文の前半は不要。単に「私は反対です」でよいですし、そのほうが望ましいです（もちろん、それに続けて、なぜ反対なのかの理由を述べること）。

もちろん、主張だけして聞く耳を持たないのはダメです。互いの相互理解が大切なので、ちゃんと述べ、ちゃんと聞きましょう。

　大学入試の小論文で、「私に何ができるかはわからないが、精いっぱいがんばりたい」のようなことを日本人はよく書くようですが、これでは英語圏では全然ダメです。自信のなさと見なされ（というよりも「自分に何ができるかわかっていないヤツががんばれるわけないだろ」と思われ）、合格の可能性は低くなってしまいます。

「これこれを実現させるために全力で努力します」のように、野心・願いを正直に正確に、堂々と書きましょう。それが英語圏の習慣です。

　英語圏でも、謙虚さは美徳です。自分の能力を、述べる必要のないところで述べると、謙虚さに欠けると見られます。しかし、小論文は、自分の能力を正確に述べるべき場所です。ここで自己の能力を過小評価する記述をしてはいけません。

　なお、対話の場合では、自分自身に関することは、聞かれたら正直に答えてよいのですが、聞かれていないことをあれこれひけらかすのはダメです（これは日本語でもだいたい同じですね）。

13 意味をより鮮明に表現しよう

　これについては、第2部の「わからない」のところ（97ページ）などで十分わかったでしょう。ここにはもう1つ例を置きます。

立っているだけじゃダメ。（私たちは）注意を引くことを（何か）しなくちゃ。
◎ここでの「ダメ」は「（立っているだけでは）十分ではない」という
　意味。なので──

Standing isn't enough. We have to do something to attract attention.

14 ほめたり賞賛したりするときは、過剰なほどに

　ほめたり賞賛したりするときは、過剰にするくらいのほうがいいのです。そういう表現習慣なので、そのようにしないと相手は、「たいしてほめられていない」と誤解しかねません。

　「すばらしい」の意でよく使われる単語には以下のようなものがあります。
　（これらをいま全部覚えようとする必要はないですよ。あなたは

これらをアニメ、ＴＶドラマ、映画などでふんだんに聞くことになるので、それで自然に吸収するでしょう。）

wonderful, excellent, great（口語表現）, brilliant, fantastic（口語表現）, magnificent, marvellous, terrific（口語表現）, awesome（俗語）, super（口語表現）, fabulous（口語表現）, splendid

[夕食の料理のにおいに] とてもいいにおいがする。
Something smells fantastic.

テッドが昨日、買い物に連れてってくれたの？　すてき!
Ted took you shopping yesterday? That's wild!
◎ wild は、ここでは fantastic の意。俗語っぽく思えるかもしれませんが、標準英語です。

なんてすてき!
How cool!
◎ cool を「すばらしい」の意で使うのは俗語。

ほんとにすばらしい!
It's really heavy!
◎ heavy を「すばらしい」の意で使うのは俗語。

まったくすばらしい！
Way rad!
◎ way を very の意で使うのは俗語。rad は「すばらしい」の意の俗語
で、radical の短縮形です。もちろん、radical を「すばらしい」の意
で使うのは俗語です。

あれってすごくない？
Isn't that something?
◎ something を「たいした人・もの」の意で使うのは口語表現。

きみはほんとにたいしたものだねえ。
You are really something else!
◎ something else を「並ぶものがない人・もの」の意で使うのは俗語。

ぼく（だけ）のために作ったの？　なんてすばらしいんだ！
You made that just for me? How neat!
◎ neat を「すばらしい」の意で使うのは俗語。

［ピクニックでバスケットをひろげる場所を探している］ここどう？／すて
き！
How about this spot? / Super!
◎ super は女の子がよく使います。

［着ている服を見せて］どう？／すばらしい！
How do I look? / Smashing!

名案だ！
Terrific idea!

［着ている服を見せて］どう？／わー、すばらしい、とってもいいよ。
Like it? / Wow! It's great! I love it!

15 相手が述べたことをそのまま繰り返すのは避けよう

「私はその案に反対です」「ほー、あなたはその案に反対なんですか」

英語では、このように、相手が述べた内容をそのまま繰り返すのは避けましょう。それをすると、バカのように聞こえるからです。

このタイプの繰り返しは、日本語ではよくありますが、英語の発言習慣にはありません。英語では、この対話は、「私はその案に反対です」「あなたはその案に反対です」と言っているように聞こえます。

英語では、相手が述べたことをそのまま繰り返すのは、思考が変になって、うわの空になっているときくらいのものです。

【参考１】
sure や certainly を加えた、省略形の反復は○K

ぼくが何をやっているか、自分でちゃんとわかってるよ！／［皮肉］
もちろんそうでしょうとも。
I know what I'm doing! / Sure you do.

ケンの態度はほんとに変ね。／ほんとにね。
Ken is certainly acting strange. / He sure is.

あのような仮装パーティーをしたら面白いんじゃないか？／（たし
かに）そうだね。
Wouldn't it be great to have a costume party like
that? / It sure would.

【参考２】
［オートバイ（motorcycle）で送っていこうとしている］で、（きみは）
どこに住んでるの？／［考えごとでうわの空］どこに住んでる？／あ
あ、つまり……住所とか、家がどこ、とか。
So, where do you live? / Where do I live? / Yeah,
you know ... What's your address ... Where's your
house?

16 文末の「ね」は無視でよい

（これは直訳・逐語訳の指針にみえるかもしれませんがそうではなく、英語の表現習慣の理解のための項です）

　文末の「ね」は無視でOKです。たとえば、「すばらしいですね」は、It's wonderful. というぐあいです。

［いつもと違って無言の人に］あなたは静かすぎ。何か変ね。
You're too quiet. Something is wrong.

そのとおりよ。ようやくわかった（理解した）のね。
That's right. You finally get it.

［自責傾向の強い人への助言］間違いをしたって、世の終わりではないんですよ。だれだって間違いをするんです。あなただって、ね。
Realize mistakes aren't the end of the world. Everyone makes mistakes, even you!
◎ここでの realize は「すっかり理解する」の意。

　「日本人は文末に『ね』を加えることが多いですね」のように、日本人は文末に「ね」を加えることが多いですね。この

「ね」をそのまま英語に置き換えようとして、条件反射的に付加疑問文や疑問文にするのはやめましょう（つまり、気持ちの中から「ね」の部分は単に削除）。相手に問いかけるのは、問いかける必要があるときだけにしましょう。それが英語圏の発言習慣です。

★返事で、単に理由だけ述べるときの「▼▼だったからね」は「▼▼だった」の部分だけでOKです。

母がぼくに、つねに紳士でいなさい、って言ってたからね。
My mother told me always to be a gentleman.

17 「～でしょ？」に注意

日本語表現の特色の1つは、「相手に問いかける必要のないことを、疑問文にすることが多い」点です。英語では、相手に問いかける必要のないことを、疑問文にはしません（ただし、「反語的な意味で使う疑問文」は、よくあります）。「～でしょ？」等の感覚を英語に持ち込まないようにしましょう。

[まだ幼い弟が姉に] もう彼にキスされた？／あなたには関係ないでしょ？
◎この返事は疑問文風。相手に問いかける必要のないことを、疑問文

にしないようにしましょう。

Did he kiss you yet? / None of your business.

反語的な使用の疑問文

だれもそんなこと気にするものですか（そんなこと、だれも気にしないよ）。

Who cares?

◎「そんなこと、どうでもいいこと」の意です。

そのこと、聞いた？／もちろん。

You've heard of it? / Who hasn't?

◎ここでの Who hasn't? の文字通りの意味は、「だれが聞いていないものですか（だれだって聞いてるわ）」

だれが知っているものですか（だれも知らないよ）。

Who knows?

そこに行きたいなあ。／だれだってそうよ。

I'd love to go there. / Who wouldn't?

そんなの、だれも必要としてないよ。

Who needs it?

◎「それは必要ではないし、重要でもない」の意。

18 相手の権利に踏み込まないように

★相手が何をするかは、相手に決める権利があります——当たり前ですね。でも日本人はこれに平気で踏み込んでしまいます。これには大注意。

とくに、「察せよ」とか「空気ヨメ」とかは論外です。察するか否か、空気を読むか否かは、本人に決める権利があります。そこに踏み込む発言をしてはいけません。

★「お返事をお待ちしております」のつもりで I'm waiting for your reply. と書く日本人は多いようですね。これには大注意。

これでは「オレは待っているんだぞ、早く返事をよこせ」くらいの意です。

「お返事をお待ちしております」と書きたいなら、

I'm looking forward to your reply.

としましょう。

★「不要でしたら廃棄してください」のようなタイプにも大注意（日本人のほぼ全員が、このタイプの表現を使いますね）。これが悪い理由は、相手に行動の命令をしている点です。返送不要の物を廃棄するか否かは、相手に決める権利がありま

す。個人の権利に踏み込んではいけません。

　相手のことを心配して「何があったのか教えて」とやさしく聞くとき（日本語では命令形ですが）、英語では命令形を使わないほうがいいです。
　Want to tell me what happened?

最後に

●だいじなのは積極性

　英語を話したり書いたりするときに（もちろん、トレーニングをするときにも）だいじなのは、積極性です。英語圏で、積極性は美徳です。

　海外の人が日本語で話をするときは、日本の習慣に合わせて発言をし、日本人が英語を話すときは、英語圏の習慣に合わせて発言をする——これが正しいのです。
「一歩引いた感じでいるのがよい、目立ってはいけない、行動・発言を周囲に合わせたほうがよい」などとする日本の感覚・習慣を、英語に持ち込まないようにしましょう。
「他の人とは異なる自分」を尊重し、そうであることに誇りを持ち、自分自身を愛し肯定し、ポジティヴなパワー全開でいましょう！　それが英語圏の基本的な精神です。英語で話すときには、いえそれ以前に、話せるようになるためのトレーニング時に、それが必要です。

〈著者略歴〉
小野田博一（おのだ　ひろかず）

東京大学医学部保健学科卒。同大学院博士課程単位取得。大学院のときに2年間、東京栄養食糧専門学校で非常勤講師を務める。日本経済新聞社データバンク局に約6年間勤務。JPCA（日本郵便チェス協会）第21期日本チャンピオン。ICCF（国際通信チェス連盟）インターナショナル・マスター。JCCA（日本通信チェス協会、旧称JPCA）国際担当（ICCF delegate for Japan）。

著書に、『13歳からの頭がよくなるコツ大全』『13歳からのもっと頭がよくなるコツ大全』『数学難問BEST100』『13歳からの英語で自分の意見を伝える本』（以上、ＰＨＰエディターズ・グループ）、『人工知能はいかにして強くなるのか？』（講談社）など多数。

13歳からの英語が簡単に話せるようになる本

東大卒の著者が教える「英語が自然と身につく」学び方

2020年10月8日　第1版第1刷発行

著　者	小　野　田　博　一	
発行者	清　水　卓　智	
発行所	株式会社PHPエディターズ・グループ	
	〒135-0061　江東区豊洲5-6-52	
	☎03-6204-2931	
	http://www.peg.co.jp/	
発売元	株式会社PHP研究所	
	東京本部　〒135-8137　江東区豊洲5-6-52	
	普及部　☎03-3520-9630	
	京都本部　〒601-8411　京都市南区西九条北ノ内町11	
	PHP INTERFACE　https://www.php.co.jp/	
印刷所 製本所	図　書　印　刷　株　式　会　社	

PHPエディターズ・グループの本

13歳からの頭がよくなるコツ大全

小野田博一 著

勉強法、文章術、暗記法。「頭がよくなる」ために必要なコツがまとめて身につく一冊！

定価 本体一、三〇〇円（税別）

PHPエディターズ・グループの本

13歳からの英語で自分の意見を伝える本

東大卒の著者が教える「英語のアタマを作る」学び方

小野田博一 著

東大卒の著者が、「英語で意見を言えるようになる」ための会話例（標準英語、口語表現、俗語）と思考習慣をわかりやすく伝授します！

定価 本体一、四〇〇円（税別）

PHPエディターズ・グループの本

数学難問BEST100

高校数学の知識なしでも解ける歴史的良問を厳選！

小野田博一 著

中学数学の知識で解ける、歴史上有名な数学難問に挑戦！　大数学者オイラーやニュートンも頭を悩ませたという問題を解いてみよう。

定価　本体一、四〇〇円
（税別）